CREATIVIDAD Y COMUNICACION

reflexiones pedagógicas

MARÍA BRANDA

colaboración

JORGELINA QUIROGA

nobuko

Branda, María
Creatividad y comunicación: reflexiones pedagógicas / María Branda; con colaboración de: Jorgelina Quiroga - 1a ed. - Buenos Aires: Nobuko, 2005.
156 p.; 21x15 cm.

ISBN 987-584-004-1

1. Diseño Gráfico I. Quiroga, Jorgelina, colab. II. Título
CDD 741.6

Hecho el depósito que marca la ley 11.723

ISBN-10: 987-584-004-1
ISBN-13: 978-987-584-004-1

Agosto de 2006

INDICE

Nota al lector

Este libro es un trabajo de muchos años donde el tema de la creatividad fue para mí un eje nucleador de distintas prácticas. Lo he abordado en diversos planos teóricos, como en experiencias educativas y de producción propia, en el plano de la realización. Participando, como alumna y como docente en los niveles educativos de iniciación hasta posgrado, pude detectar el papel de la creatividad para incidir en el aprendizaje y en la vida del individuo, como en el espacio de trabajo.

Una de las razones para comenzar a desarrollar este material fue la experiencia realizada desde el inicio de mi formación, en el campo de la educación artística y por lo tanto de la actividad creativa. Pude observar en esta variedad de practicas educativas, que las actividades creativas eran enfocadas como una bonita forma de entretener o rellenar los contenidos y las horas de esparcimiento, pero nunca como constitutiva del crecimiento y la formación. En la educación infantil el niño cuando dibuja, baila o canta, no solo disfruta y se divierte, sino que a la vez construye conceptos, conoce, produce, crece, socializa.

El estudio de la evolución gráfica me permitió demostrar con documentos producidos por jóvenes y niños, los distintos momentos de experiencia y conocimiento. La ventaja del material gráfico es que está plasmado en el papel y deja muy pocas dudas, si tenemos en cuenta la edad del alumno, el marco social al que pertenece y el momento de desarrollo en el que se encuentra. Es un material valioso para señalar la importancia de la creatividad en su vida afectiva, educativa y social. Es también testimonio de sus intereses, preocupaciones y del conocimiento internalizado, como del que se está conformando.

Hay también otros indicios que encontramos en la gráfica infantil que nos hablan del medio social en que se desenvuelve el niño, de elementos de represión, agresividad, miedos, que son valiosos para conocerlo, para señalar rasgos de salud mental e integración social.

En este caso mi interés era demostrar la importancia de la creatividad como forma en la cuál se expresa y satisface el individuo, para desde allí caracterizar su gravitación en el proceso de adquirir conocimientos y de construirlos. El propósito fue destacar a la creatividad como parte de una educación para formar hombres críticos, creativos y sanos.

La orientación de mi propuesta, es fundamentar el aprendizaje en el interés, del que Piaget habla, entendiendo al mismo como una perspectiva de construcción del conocimiento, de interacción social, de trabajo productivo y creativo. Uno de los problemas que aquejan a la educación, fundamentamente en los niveles medio y de grado, es justamente no tomar en cuenta los términos de la relación entre el aprendizaje como placer de conocer, al sistema de enseñanza impuesto, desvinculado de su interrelación con la vida social y los intereses del alumno. Generalmente se pone el acento en lo que el profesor transmite, como simple traslación de saberes y valores colectivos de generación a generación.

El campo de estudio de la creatividad es muy amplio, por eso trato de abordarlo desde una mirada que lo sustenta en la acción de conocer y alcanzar la satisfacción para expresarse, para comunicarse. Desde este marco considero algunas maneras de aplicarlo a las áreas proyectuales, y a la Comunicación en particular dentro de la enseñanza de grado, donde tiene un papel central en la disciplina, en la formación de profesionales y particularmente en el momento actual.

Partiendo de la idea de que la creatividad es un potencial humano, creo que señalar sus alcances y sus características, puede aportar en el sentido de incorporar su dimensión cognoscitiva, como preocupación para abrir un espacio en los planes de estudio, como en la práctica del aula.

MB

1 INTRODUCCION

on este texto se pretende buscar en el concepto creatividad, un núcleo generador para la enseñanza, y especialmente para el área de Comunicación Visual. La investigación de este tema conduce a estudiar una serie de aspectos que se exponen con la intención perfilar una mirada, para enmarcar el tema. Analizando las características, las dimensiones y la implementación para aplicar al trabajo académico, puede aportar algunas ideas que incidan en la orientación curricular.

El estudio de esta problemática permite realizar una reflexión pedagógica, que se propone desarrollar una didáctica especifica vinculada a la enseñanza en las disciplinas artísticas y proyectuales. Estas interrelaciones apuntan a compactar el ejercicio de la docencia con la implementación de metodologías actualizadas. Los resultados de la investigación y la experiencia realizadas, indican que hay que repensar estos temas para definir una didáctica, su especificidad y adaptación, a las necesidades de cada una de las disciplinas.

El proceso de enseñanza aprendizaje se inscribe en la dinámica de transmisión de una cultura y en ese marco se produce la construcción de conocimientos que preparan a un sujeto en determinado campo del saber. El término aprendizaje adquiere características diversas según la corriente de interpretación educativa que lo teorice o practique. Entendemos, dentro de la amplia corriente Cognitiva, que el proceso de enseñanza aprendizaje es un acontecimiento de construcción conceptual que se produce, en un momento histórico, en un campo disciplinario, en una etapa genética de la inteligencia, con sujetos sociales que participan e interactúan. En la educación superior, la institución, el currículum con sus programas, sus docentes y sus alumnos, van a propiciar un proceso de enseñanza que se propone construir aprendizajes, desde una concepción y una didáctica.

En este proceso de aprendizajes significativos, intervienen todos los factores involucrados en la educación y el problema central está en el cono-

cimiento y la experiencia educativa. Tener una visión integral de esta complejidad, hace posible el hecho cognoscitivo.
Los saberes específicos de la disciplina se ordenan en los contenidos programáticos, que expresan las categorías de análisis que van a conformar los objetos de estudio de la carrera. Esta orientación del plan de estudios y sus contenidos, va a influir directamente sobre la práctica educativa. Es decir el proceso de enseñanza - aprendizaje se inscribe en este marco global, sintetizando la construcción del tipo de pensamiento que es necesario operar para dominar una disciplina.
La dimensión pedagógica en el proceso de enseñar y aprender, para una disciplina como el diseño, radica justamente en esta problemática, en como está planteada y en la realidad curricular que la contiene.
La función de la Universidad, es formar profesionales en los diferentes campos del conocimiento. La formación aspira al éxito, a la inserción, sería contradictorio formar para el fracaso. Un plan de estudios con saberes obsoletos, desvinculados del contexto general y particular, sería un despropósito. Aparecería como un planteo destinado al rechazo, carente de sustento futuro, que no respaldaría a los egresados. El estudiante aspira a labrar un porvenir mejor, a la movilidad social por medio de los estudios superiores. Esta es una de las utopías, inherentes a la educación. Se proyecta hacia el futuro de mediano y largo plazo y se traza un camino para la formación.
El sistema educativo argentino ha tenido contados períodos de su historia, en los cuales la vinculación Universidad- Sociedad, fue una concreción. La relación profesión y trabajo, ha estado en permanente conflicto, ya que la articulación educación - estructura productiva, ha sido una expresión de deseo, mas que el resultado de una planificación de política educativa.
Es la decisión sobre la situación económico social de un país, la que necesita para su desarrollo, destinar un lugar para la producción científica y tecnológica, y por lo tanto para la ocupación de los profesionales, que ha formado en las distintas disciplinas. Una profesión es exitosa cuando los egresados son incorporados en el empleo que corresponde a su capacidad

y especialización. Los sucesivos modelos económicos ensayados en nuestro país, han tenido sus propias leyes, ensayos que no contemplaron proyección, por lo tanto la expansión de las carreras universitarias no fue resultado de planes de país para el futuro, sino de coyunturas inmediatas. Se han ensayado modelos donde el mercado de trabajo se fue deteriorando sobre improvisaciones rápidas que cambiaron, o se modificaron, sin proyecto, ni planificación. Han carecido de la perspectiva y la continuidad necesarias, para marchar sobre objetivos de bienestar común y hacia metas preestablecidas. Más bien el mercado impuso sus leyes, según las pautas trazadas por los grandes centros de decisión internacional.

Este discurso quiere desmitificar la presión que se ejerce sobre las universidades y los planes de estudio, respecto a las salidas laborales. La educación, los programas de formación superior, no generan empleo. El rol social de la educación es la transmisión cultural y la producción de conocimiento, para su recreación, que constituyen la base de una sociedad.

Vincular en forma mecánica la formación profesional, con la ocupación, es minimizar el problema, como el rol de la educación superior. La universidad no tiene como misión formar profesionales para los vaivenes del mercado, su propósito es más estratégico. Su finalidad es formar individuos para aportar al progreso de un país, para un futuro donde está involucrado el crecimiento cualitativo del conjunto de la sociedad.

Los modelos económicos de las últimas décadas, impusieron necesidades tendientes a satisfacer un mercado competitivo, tecnicista, y sectorial. Buscando resolver los intereses de sectores parciales de la sociedad, se fue orientando a las carreras de grado hacia perfiles acotados y se desestimó la formación integral del estudiante. En este marco la preparación técnica y las habilidades prácticas se presentan como suficientes. Los resultados se expresan en altos porcentajes de egresos de bajo nivel, respecto a parámetros anteriores a 1976. Esta deficiencia de procesos educativos satisfactorios, de planes de estudio emparchados, carecen de una estructura que garantice la formación de un perfil profesional con proyección y respuesta para las demandas del futuro.

Estas orientaciones curriculares contradictorias, coexisten en nuestras universidades, y se visualizan como generalistas o especializadas, creando una dicotomía falsa, muchas veces enunciadas como excluyentes. Las viejas confrontaciones de teoría - práctica , como estas de generalidad-especialidad, no resuelven los problemas curriculares, porque son una distorsión simplista del problema. La cuestión se dirime en el saber disciplinar y una didáctica específica, que sinteticen el conjunto de conocimientos que conforme un perfil innovador, historizado y adaptado a un proyecto de país mas equitativo.
Las tendencias tecnicistas que interpretan el rol de la educación y la planeación curricular, como una respuesta a las demandas del mercado, tienen antecedentes en los años 50, cuando se conformó como campo la Economía de la Educación, convirtiéndose en el referente del problema educación - profesión. Instalando formas de evaluación, orientaciones formativas y un lenguaje que aun hoy empleamos; gerenciamiento educativo, inversión educativa, eficiencia, resultado, profesión- empleo, escuela -mercado laboral, universidad- aparato productivo. Etc.
Este léxico está incorporado y no es un detalle, ya que contamina el imaginario curricular y crea un estilo de vivir lo académico y de debatir los problemas educativos. Desde sus inicios, esta corriente del desarrollo industrial, percibe a la educación como una inversión que debe ser rentable. Así, desde la perspectiva economicista, la educación es un bien de consumo, que asigna una escala cuantitativa a los valores educativos, incluidos los sujetos que participan. De este modo, el sentido y la finalidad de la educación se convierten en objetos cuantificables de eficiencia o ineficiencia. Se dimensiona la productividad por encima de la formación integral del individuo, se valoran los resultados más que los procesos.
Replantear en la actualidad el perfil profesional de una carrera, nos pone en el desafío de desentrañar las consecuencias de esos modelos eficientistas, y buscar los antecedentes históricos de la profesión, su campo de aplicación, los distintos proyectos de formación implementados y desde ese conocimiento formular sus perspectivas futuras, en un marco social real.

Plan de estudios y perfil profesional

Un plan de estudios es un conjunto de saberes que conforman un perfil profesional en una disciplina o un área del conocimiento.
Construir un marco de referencia para la elaboración de un plan de estudios significa ubicar el objeto de estudio de la disciplina, referenciar la profesión y realizar un análisis social abarcativo, sobre la compresión del contexto histórico que enmarca determinada practica profesional.
La lógica de articular los contenidos de la enseñanza exclusivamente a los conocimientos técnico - profesionales, suele desestimar la formación teórico conceptual del estudiante. En las carreras profesionales la construcción del conocimiento es el factor determinante para definir los planes de estudio, porque es la división social laboral, la que condiciona las modificaciones del sistema educativo y las instancias destinadas a formar las capacidades para el trabajo.

El marco de referencia de un plan de estudios se obtiene considerando:

- La formación socioeconómica en particular
- La formación educativa dentro de esta situación
- Las prácticas profesionales reales que se desarrollan en este marco
- Las líneas históricas de la formación académica disciplinar
- La práctica profesional que históricamente ha dominado la socialización de la profesión.
- Las perspectivas a mediano y largo plazo en el campo científico-tecnológico.

El marco de referencia se construye con el conjunto de elementos conceptuales y empíricos con los que se define el contexto social de la profesión y su proceso educativo.
Un campo disciplinar demanda un conjunto de requisitos indispensables para el saber que orienta una profesión, este conocimiento conceptual e instrumental esta ligado a un proyecto de país. Diferenciando claramente, que no son los requerimientos de un momento coyuntural, o de un

mercado parcial, sino más bien se deben sustentar según las necesidades sociales estratégicas.

La eficiencia tecnológica, empresarial, industrial, militar o de mercado, no pueden ser condicionantes de un plan de estudios, en todo caso forman parte de un contexto a tener en cuenta, pero no deben orientar la formación de egresados.

Las corrientes tecnicistas de la educación confunden el rol de la Universidad y de las disciplinas, trasladando mecánicamente los temas del empleo y del mercado al campo de la educación superior. No es que la Universidad no prepara para el empleo, es que la economía y la política laboral no generan trabajo, ni lo planifican. Las políticas de exclusión social, determinan un sector que tiene acceso al estudio superior y otro que esta afuera, marginado de éste como de muchos otros derechos.

En EEUU, hay grupos económicos que deciden proyectos de formación profesional, que están ligados a sus intereses sectoriales. Un ejemplo de esto es el Instituto Tecnológico de Monterrey, cuyos campus abarcan el sur de Norte América y la república mexicana. En esas propuestas los planes de estudio y las carreras, ajustan los proyectos curriculares y los programas, a los perfiles requeridos por el Grupo Monterrey. Este es un modelo típico del neoliberalismo que se aplica en algunos estados de Europa y América, como el caso de Chile; en Argentina ha generado múltiples manifestaciones de resistencia, pero la Ley Federal de Educación Federal que se aplicó en algunos lugares, tiene esa dirección.

Podemos señalar dos posiciones para la incorporación del profesional al mercado ocupacional:

La evolución del capitalismo exige cada vez más que la formación que se transmite en las universidades sea una capacitación de habilidades instrumentales para el desempeño eficaz del profesional que requiere el sistema productivo.

La universidad debe reflexionar sobre la necesidad de una formación teórica del estudiantado, que le permita cumplir con su función histórica. Propiciar esta formación en los futuros egresados, abre la posibilidad potencial para que el profesional actúe, entienda y transforme su realidad.

Estas distintas concepciones sobre la profesión, atraviesan el currículum, generando distintos perfiles y distintas formaciones, como resultado del plan de estudios.

En la actualidad podemos diferenciar dos miradas para el problema:

La tecnología educativa, que plantea a la profesión como una práctica especifica, que responde a la división social del trabajo. En una profesión existen varios tipos de prácticas profesionales que se definen por la consecuencia de la función que cumplen en el proceso de acumulación del capital. Esta concepción vincula el curriculum fundamentalmente a las necesidades del mercado laboral.

La visión modular por objetos de transformación del curriculum, que aparece más adaptada a nuestras expectativas, considera que la práctica profesional es el conjunto de actividades que exige un campo de acción, con una relativa independencia de las corrientes o enfoques parciales, centrando el análisis en la posibilidad de transferencia social de las actividades y en el desarrollo posible de la ciencia y la tecnología.

Como metodología para realizar un diagnóstico de la situación de una carrera, hay que hablar de evaluación curricular y analizar los planes de estudio que se aplicaron y cuáles fueron los resultados. Una forma de comenzar a estudiar el problema es recurrir a los antecedentes de la profesión y de los planes de estudio, como a una serie de cuestionarios, y entrevistas como a los cambios curriculares formulados en diferentes épocas. Recuperar el material existente producido sobre la historicidad de la profesión, puede dar un panorama desde el cual realizar una evaluación curricular:

- En qué momento social, político, económico, se fundó la carrera?
- Quiénes la iniciaron y fueron sus planificadores?
- Qué grupos sociales demandaron la existencia de estos profesionales?
- Cómo se construyó el curriculum y los planes didácticos?
- Qué conocimientos impartió el plan de estudios, según los resultados del tipo de profesional que egresó?
- Cuándo se produjeron cambios en estas orientaciones?

- Cuál ha sido la historia de la demanda laboral que absorbió a los egresados?
- Cuál fue el comportamiento del mercado de trabajo específico?
- Qué características se pueden destacar en las prácticas aprendidas, desde la formación?
- Cuáles son los resultados de los perfiles de egresados desde los últimos cambios curriculares?

En el ámbito docente, también se pueden aplicar cuestionarios y entrevistas para sacar conclusiones sobre los resultados del plan de estudios. La situación docente nos permite ver las características que han prevalecido en la docencia de la carrera, que a la vez reflejan la demanda laboral y la orientación de los saberes en el curriculum, como diversos elementos de la cotidianeidad de la vida académica.

- Qué perfil tienen los docentes y que nivel o grado académico?
- Cuál es el porcentaje de ingreso-egreso?
- En qué medida se vinculan los programas en el currículo, en forma horizontal y vertical?
- Características de los alumnos en cuanto a antecedentes escolares y socio económicos.
- Qué respuestas tienen docentes y alumnos al campo de la práctica profesional?
- Qué mercado laboral ven los alumnos y los docentes?
- Cómo se relaciona la currícula con el mercado de trabajo?
- Qué porcentaje de docentes desarrolla una practica profesional independiente?
- Qué porcentaje de docentes participa en investigación?
- Qué cambios curriculares plantean los docentes?

Como vemos estos problemas requieren de estudio e investigación y sobre esos resultados se pueden estructurar los cambios, teniendo en cuenta todos los elementos que hacen a lo general y a lo particular, del conocimiento, del contexto y de la profesión. La evaluación curricular permite sacar conclusiones sobre la historicidad del problema y desde allí elaborar propuestas para el futuro plan de estudios, teniendo en cuenta la actualidad y el desarrollo previsible. Estos problemas no se resuelven con el cambio de una materia o agregando contenidos, seminarios o talleres, esas decisiones arbitrarias o basadas en vaivenes políticos, a las que penosamente hemos asistido, no solucionan las orientaciones curriculares. Para elevar el nivel educativo de la formación profesional, hay que encarar investigativamente el problema de la evaluación curricular de las carreras de grado o postgrado, que se proponen para la educación superior. El aporte de la pedagogía es un sustento orientador que contribuye a definir el marco teórico y la implementación del plan de estudios o de la evaluación curricular. No es un auxiliar didáctico, un proveedor de técnicas de trabajo o marco de referencia general; sino un elemento constitutivo del saber que expresa el curriculum.

Estas preocupaciones dan sentido al trabajo de explorar y avanzar sobre aspectos de la teoría de la enseñanza del diseño, la creatividad, la relación educativa, que conjuntamente con la evaluación curricular de la carrera, pueden reformular propuestas para la formación del profesional en Comunicación Visual.

En el marco del sistema educativo actual, son innumerables los problemas a estudiar ya que el nivel de la educación superior ha sufrido un deterioro gradual en los últimos diez años. Esta búsqueda se dirige a señalar los aspectos emergentes desde los cuales comenzar a superar el fenómeno. Las deficiencias de los niveles educativos previos, no se resuelven desde la sumatoria de materias, la multiplicación de los contenidos, o extendiendo los años de cursada de las carreras. Cuantitativamente no se puede dar respuesta a esta situación, es desde la detección de los aspectos cualitativos que se pueden producir saltos de transformación. Recuperar el interés, la motivación, la creatividad, el compromiso con el saber, la preparación previa, y su validación social, es posiblemente una forma de comenzar a revertir la crisis actual.

Desde esta mirada hay algunas aspectos a contemplar que vamos a destacar. La creatividad es un concepto, que implica reflexión, descubrimiento, innovación, crítica y acción, entonces trabajar este plano en la educación, puede abrir espacios de cambio. La relación educativa, es otro espacio importante a profundizar. Es un aspecto que requiere compromiso para existir y dar sentido al hecho cotidiano de construir la tarea. Esta interrelación que se establece entre el docente y el alumno, si bien no escapa al marco general en que se inscribe, tiene dinámicas propias. Este vínculo es tal vez, uno de los más resentidos en los críticos últimos años, que estamos viviendo. La relación educativa, es un pacto entre el alumno y el docente. Es el vínculo que se contrae en el aula, que va construyendo el saber desde la experiencia y el contacto cotidiano. Que conjuntamente, ejercita y arma el futuro, viviendo la educación como esa apuesta utópica, a un tiempo que vendrá. Es un tema que los pedagogos han estudiado y observado a lo largo de la historia, porque constituye un punto neurálgico, un puente en el proceso de enseñar y aprender. La sociedad va cambiando y por lo tanto también se transforma la educación, entonces las relaciones entre el que enseña y el que aprende se modifican. Con el paso del tiempo se han superado muchas prácticas que en otras épocas eran frecuentes, como el castigo corporal o verbal, la figura del maestro como el que todo lo sabe y la del alumno como una caja vacía que no contiene nada.

Pero las revoluciones de la pedagogía no lo transformaron todo, estas conductas muchas veces vuelven a presentarse disfrazadas de modernidad, simuladas por discursos democratistas. Generalmente sin la brutalidad del pasado, pero con formas sutiles de castigo, de indiferencia o desconfianza, interrumpiendo el ejercicio del intercambio docente alumno, del diálogo generacional. Este resentimiento incide en el goce del trabajo y en el desarrollo de la creatividad que beneficia al enseñar y al aprender. Son realidades escondidas en diversas formas del hacer cotidiano, están instaladas en los ocultamientos y las exteriorizaciones, en lo que se dice y en lo que se calla. En el accionar de ambos protagonistas del acontecimiento pedagógico. En el currículo oculto.

Visto desde la relación docente-alumno, la situación actual de indiferencia y desconfianza, son dos impedimentos que dificultan el intercambio necesario para que se produzca conocimiento, se establezca la comunicación y se desarrolle la creatividad. Categorías sin las cuales el propósito de formar se resiente. El trabajo en el aula en estos últimos años hace pensar que es posible recuperar el interés y la motivación, desarrollando vínculos mas cercanos basados en la tarea. Para establecer el encuentro que permita a las partes vincularse, es necesario compartir la pasión por la disciplina, el entusiasmo por el trabajo, el goce y la satisfacción, por la producción.

Muchos docentes se hacen cargo de la realidad actual y se proponen cumplir su rol pese a las dificultades, también un número importante de alumnos tratan de aprovechar la oportunidad que la sociedad les ofrece para formarse y se esfuerzan por aportar desde su interés dedicando su tiempo a estudiar y aprender. Estos casos son los contemplados en el sistema, existen otros que están afuera, marginados, excluidos y no tienen la posibilidad de intentarlo.

Aquellos que tienen la oportunidad de incorporarse al sistema y hacen el esfuerzo de sortear las vicisitudes de una infraestructura precaria, del desinterés de muchos funcionarios y del olvido de los gobiernos, conforman un alto porcentaje de la comunidad educativa. Es por esta razón que aún se puede hablar de resituar a la educación pública en la Argentina. Quienes no se plantean modificar la situación, los que sienten indiferencia, desinterés y pasan por las aulas mecánicamente, cumpliendo un horario, hablando de un programa, rindiendo un examen o aprobando un práctico, también forman parte de la situación a la que ha llegado la Educación Superior en el país. El magro presupuesto que se designa, el deterioro del nivel académico y la exclusión de amplios sectores, tendrán consecuencias futuras. La magnitud de los problemas planteados son tan significativos, como para buscar la manera de avanzar sobre los ejes que puedan contribuir, de alguna manera, a modificarlos.

La educación genera cambios culturales, científicos, tecnológicos, que sustentan el progreso social. Las potencias mundiales como Japón, Estados Unidos, Inglaterra, Alemania, dedican los mejores esfuerzos presupuestales a fomentar la educación porque saben que el producto de este sector, se revierte en mejorar el nivel de vida de la población, ya que incide directamente en la movilidad social. Esto no significa que tengan la mejor calidad educativa, pero si que le dan un lugar preponderante. En esos lugares cualquier centro educativo cuenta con las condiciones necesarias básicas, para asegurarse estar a la altura de los acontecimientos del mundo. En la actualidad resulta un contrasentido trabajar con docentes mal pagos, alumnos desempleados, edificios en ruinas, sin centros de cómputo, bibliotecas informatizadas, videotecas, laboratorios y todo el equipamiento que se necesita para no quedar rezagados y en inferioridad de condiciones respecto al aprendizaje y más tarde al mercado laboral.

Un gran porcentaje de los centros educativos del sistema nacional, dedicados a enseñar y aprender, se encuentran en condiciones paupérrimas, hay que tener un pensamiento capaz de sobrellevar los inconvenientes y pensar en un futuro donde nuestros alumnos puedan abarcar el aprendizaje en toda su complejidad. Hay que prepararlos para salir al mercado de trabajo manejando esos adelantos científicos y técnicos, que ya son irreversibles, dando respuesta a los grandes temas que se presentan y no tenemos las condiciones mínimas para hacerlo.

Los avances tecnológicos, científicos, comunicacionales, se encuentran instalados en la vida cotidiana, y deben ser abordados por el sistema educativo. El egreso de cualquier nivel educativo plantea este reto. Un chico que termina primaria o secundaria se pregunta qué hacer, lo mismo que un egresado universitario; no hay trabajo y además no está preparado para competir, para incorporarse a una sociedad cada vez mas exigente.

Entonces el problema se agudiza, se conjugan una variedad de elementos a los que hay que abordar desde una actitud propositiva. Es decir comprenderlos y tomar la decisión de plantear formas de construir una realidad mejor.

Un punto de partida es que la formación de docentes y alumnos sea una responsabilidad institucional compartida. Fomentar un vínculo, una comunicación, un nivel de creatividad que propicie el diálogo y el intercambio, sobre el reconocimiento de la realidad que tenemos y sobre el acuerdo de que podemos modificarla. De esta manera revertir la indiferencia para que se transforme en impulso constructivo, la creatividad ocupe un lugar generador y el saber recupere un valor social.

Si como docentes logramos vencer la apatía, desarrollar los máximos niveles de creatividad y establecer un intercambio reflexivo, habremos encontrado maneras de garantizar un proceso educativo. El interés es un factor constitutivo del conocimiento, nadie aprende nada que no le interese, ni puede generar propuestas creativas si no hace propio el problema, si no reflexiona sobre la dimensión del conocimiento y el conjunto de saberes que lo componen. En este sentido la actitud del docente, puede motivar al alumno a participar. Se puede restablecer la confianza en aquello que se hace, como la estimación sobre los alcances de la tarea. La situación general que estamos viviendo es proclive a la fragmentación, a la inercia y al individualismo; categorías contrapuestas a la actitud de aprender. Revertir esto en la relación educativa es un primer acercamiento. Establecer el diálogo, la reflexión y el intercambio, puede llegar a ser gratificante. Preguntarnos qué y cómo tenemos que transmitir un método o un conocimiento, qué es lo que el alumno comprende y que es lo que no comprende, es una forma de empezar.

No es útil continuar con discursos autistas que no le sirven a nadie, pretender que somos mejores profesores si tenemos un vocabulario complejo que el auditorio no entiende. Ser tolerantes para promocionar a un alumno en una materia es la misma actitud, es tiempo desaprovechado. Cuando un proceso educativo se desarrolla con entusiasmo y confianza en la tarea, los que participan cambian, no vuelven a ser los que eran antes, establecen un pacto fundado en propósitos comunes y se sienten satisfechos. Hablar un mismo lenguaje ayuda compactar la posibilidad de construir juntos un saber que tenga una utilidad social. Que se convierta en colectivo y que cobre sentido. La creatividad es un potencial que motoriza la vivencia educativa y transforma al individuo y al medio. Comprender esta problemática es un instrumento de trabajo y de revitalización para el docente y específicamente para áreas como la Comunicación Visual. El propósito es motivar el estudio de este plano no solo desde lo teórico e indagativo, sino también desde la implementación. Ubicar en el desarrollo de la creatividad un elemento de incidencia y recuperación del interés en el espacio del aula, implica ejercitarla, darle el lugar y el tiempo necesarios en los planes de trabajo, en los distintos momentos del acontecimiento educativos. Desde este análisis de la situación actual, se plantea una búsqueda que le confiere significación al estudio del concepto de creatividad, como un elemento que puede aportar cualitativamente a una formación integral.

Dice Pérez Lindo, en su libro; Universidad , conocimiento y reconstrucción nacional; "La dramática experiencia de la Argentina en la actualidad muestra que no se pueden subestimar los indicadores de una crisis cuando los mismos nos anticipan que se encuentran en peligro los contextos básicos de la supervivencia colectiva"

Caudieux

2 UBICACION DEL ACCIONAR CREATIVO

El espacio de la creatividad ha sido tratado por muchos autores y abordado desde distintas áreas, metodologías y corrientes de pensamiento.

La sicología, pedagogía, estética y sociología fundamentalmente, han dedicado tiempo a este tema. Desde diferentes campos se ha manifestado interés por esta cuestión, que forma parte de la educación, del arte y en ultima instancia también de la vida. El desarrollo de la capacidad creativa es un elemento generador en historia del hombre, como individuo y como sociedad. Por esta razón no restringimos el concepto al campo exclusivo de la Comunicación Visual o del arte; aunque es indudablemente allí, donde la humanidad más explícitamente ha manifestado su capacidad de crear. Pero hay una enorme diversidad de innovaciones producidas a través de la historia, a las cuales podemos reconocerle su cualidad creativa sean o no obras artísticas tradicionalmente consideradas. La creatividad está ligada al trabajo productivo, a la labor transformadora, a la invención, al descubrimiento, a la búsqueda y a la duda. Por consiguiente al pensamiento y a sus transformaciones, a la acción constructiva, al conocimiento. En síntesis al saber humano, dice, Csikszentmihalyi, en su libro Creatividad. "...la mayoría de las cosas que son interesantes y humanas son resultado de la creatividad. Compartimos el 98% de nuestra composición genética con los chimpancés. Lo que nos diferencia de ellos- nuestro lenguaje, valores, expresión artística, inteligencia científica y tecnológica- es el resultado de una ingeniosidad individual que ha sido reconocida, recompensada y transmitida a través del aprendizaje. Sin creatividad, sería verdaderamente difícil distinguir a los seres humanos de los monos".

No buscamos una definición única del término crear, más bien intentamos señalar su magnitud y sus alcances para indagar cómo apoyar su proyección e implementación, en la educación, en las áreas de comunicación y proyectuales. Para llegar a esto vamos a ubicar los aspectos más generales del tema y luego redimensionar

su valor en el campo de la educación, de la enseñanza de diferentes lenguajes y en su vínculo con el medio.
La expresión creativa contribuye a mejorar la calidad de vida de los individuos, permitiendo el ejercicio de la expresión, la exteriorización y la relación social.
El hombre es potencialmente creativo en tanto ser pensante, independientemente de su condición social, su época o su lugar de origen, es decir la potencialidad creativa es una condición estrictamente humana. Los testimonios históricos existentes, como pinturas rupestres, códices, esculturas, arquitectura, inventos, descubrimientos, etc. demuestran que desde los primeros hombres hubo manifestaciones creativas y comunicacionales de diverso tipo, producidas por diferentes culturas. El aprovechamiento o ejercicio que se hizo de esa potencialidad, depende de múltiples factores. La educación y por tanto las formas de vida, la cultura de un pueblo, gravitan decisivamente en propiciar o desalentar, el desarrollo de la potencialidad creativa. Esto dependiendo de los intereses y necesidades de cada comunidad.
Una sociedad autoritaria, cuyo sistema represivo alcanza todos los ámbitos de la vida grupal, es poco proclive a la expansión creativa, ya que restringe la libre expresión en los diversos campos del accionar social. En los procesos democráticos en cambio, la lucha de ideas es más amplia y esto favorece necesariamente, las posibilidades de comunicación y expresión del conjunto de la sociedad. Partimos entonces de entender que un sustento del desarrollo creativo, esta en la praxis social, como factor generador de la actividad del hombre, en tanto permite el crecimiento individual y colectivo. Entendiendo como praxis esta experiencia productiva, validada socialmente. La capacidad de elaborar, polemizar, comprender, criticar y transformar, son hechos creativos. Las ideas fundamentan y producen acciones; que conducen la vida social. Las comunidades fueron transformándose a partir del trabajo y la reflexión, de la lucha sobre las condiciones materiales de existencia. El trabajo humano inteligente y la capacidad creativa de los grupos humanos, fue alcanzando niveles de evolución cada vez mas avanzados, que se tradujeron en el desarrollo de los pueblos.

El pensamiento humano es producto de la experiencia en condiciones determinadas, de producción y existencia. Esto significa que cada grupo y cada época dan como resultado una forma de creatividad particular, con variantes expresivas, pero con rasgos comunes en lo que hace a comunicación. A la vez un tipo de hombres que nacen potencialmente creativos, y se desarrollan inmersos en un contexto. Este supuesto polemiza con las antiguas concepciones del genio innato, único ser capaz de crear. Esta visión desarrollada y profundizada hasta nuestros días por distintas corrientes de pensamiento, tienen su basamento en la existencia de un creador o inspirador que ilumina algunos hombres y rige sus destinos. Por eso unos hombres son iluminados por el genio creador y otros no. Habría elegidos que llegan a ser artistas y otros hombres comunes que no pueden serlo. Además lo creativo en el imaginario popular, es algo sublime, complejo, inalcanzable que está generalmente vinculado a la obra de arte y a una imagen exuberante del artista, del diseñador, del músico.

Restringir el concepto de creatividad al campo específico de este tipo de producción, es de alguna manera remitirse a esa concepción de que existen seres dotados para la creatividad y hombres desprovistos de tal «don». Esta idea no tiene en cuenta que somos producto de un medio social que nos va conformando como activos o pasivos frente a la realidad. Que la posibilidad de expresión depende en gran medida del rol social, del lugar que cada uno ocupa como miembro de un grupo al cual pertenece y de un modelo cultural.

El producto artístico o comunicacional, como obra aclamada por el público, o como experiencia individual desconocida, es parte importante del análisis sobre creatividad, aunque no es exclusivo. La creatividad es una actitud frente al mundo que va mas allá del hacedor profesional. Es un fenómeno más elemental, pero no menos destacado que el arte. Es una cualidad más amplia, vinculada con una forma de trabajo y expresión que cristaliza el accionar del hombre, que refleja sus necesidades, ideas, sentimientos y preocupaciones.

Esta forma de comunicación que transmite, por diferentes medios, lo que alguien quiere y es capaz de comunicar, adopta distintas características, que van desde detalles insignificantes, hasta mensajes de distinto tipo; que son creativos en la medida que implican innovación, cambio, modificación, polémica, crítica. La creatividad no es un sinónimo de fama. Es una actitud de vida, una forma de ver el mundo y de accionar para transformarlo.

Es difícil acotar calificativos para englobar aquello que podemos analizar como creativo, como transformador. Es necesario ir acercándose a propiciar una apertura cada vez mayor sobre este concepto, para ubicarlo al alcance de las mayorías. La restricción del término, es, de alguna manera, el origen de una distorsión permanente, que limita los espacios de un ejercicio saludable que podría ampliar en gran medida el espectro de la producción creativa futura. No se trata de desmerecer el rol social de los artistas, de esos hombres dedicados a la tarea de hacer arte, mas bien intentamos jerarquizar a la creatividad como un atributo de la especie humana que permite la comunicación, la expresión, el trabajo productivo. Luego hay individuos que dedican su vida a la realización artística en cualquiera de sus manifestaciones y a ellos los llamamos artistas y los reconocemos como creadores.

En la necesidad de consultar distintas ideas y preacticas educativas es interesante el punto de vista de autores como Mannoni, cuya postura es muy radical respecto a la situacion de la educacion y la salud mental; en su libro «La educación imposible» aborda este tema: «Michael Foucault ha demostrado como la idea de regresión (presente en las nociones de enfermedad mental, de trastornos caracteriales) solo es posible en una cultura que integrando el pasado, lo condena a desaparecer estableciendo, entre presente y pasado barreras ifranqueables». «Las neurosis de regresión no manifiestan la naturaleza neurótica de la infancia, pero denuncian el carácter arcaizante de las instituciones que la incumben». «Son el reflejo de una sociedad dividida entre el sueño de una educación ideal y la realidad de las condiciones inhumanas de vida que impone a sus miembros».

Winnicott, autor que ha desarrollado estudios sobre la articulación de la creatividad con la salud mental en pacientes con distintos tipos de patologías, reconoce a la creatividad como salud mental y a la inercia como síntoma de enfermedad. Sus estudios indican que el sujeto es creativo o es pasivo frente a la realidad y esa actitud signa la vida social e individual de los seres humanos. Confiere un papel preponderante al juego y a la creatividad en la educación.

Hay hombres que desarrollan un pensamiento y un accionar creativo en su medio, aunque nunca lo escriban, lo pinten o lo plasmen en un objeto determinada. Hay otros que repiten durante toda su vida modelos preconcebidos. Quién influye en su entorno, de una u otra forma, es creativo. Existen seres que se comunican por medio de una obra y es a través de ella que se relacionan con el mundo. Otros lo hacen cotidianamente en su relación social o individual. No importa el modo, lo esencial es como lograr la comunicación, incidiendo o modificando distintos aspectos de la realidad. Lo relevante es encontrar la manera de transmitir algo, establecer una búsqueda para cambiar o enriquecer lo que nos preocupa y apasiona. Poder decir aquello que nos vincula con el otro, que conmueve o conmociona, sea bello o brutal, sea aceptado o negado por el conjunto. El descubrimiento científico o tecnológico, la reformulación de las ideas, la historia, la política y todas las actividades del hombre, requieren de una actitud creativa y de una forma de comunicación. De un accionar que alcance un diálogo con el entorno, que permita construir y crecer.

Resituar la mitología del genio, del elegido, del ser superior, es parte de este trabajo, porque esa concepción disminuye las posibilidades de aprovechamiento social del hecho creativo. Instala un imaginario colectivo donde la creatividad se vuelve inalcanzable para el mortal común y corriente. Este consenso, generado por siglos de elitismo desplaza la inclusión del concepto de creatividad a otras áreas del saber y de la actividad cotidiana de la gente.

Esta idea exclusivista de la creatividad, está mas relacionada con la fama, la mercancía, el uso del poder, que hacen del arte y la creatividad categorías de privilegio. De esta forma se limitan las posibilidades de ampliar el desenvolvimiento de canales propicios para ejercer la potencialidad creativa a sectores amplios, considerados generalmente, incapaces en lo creativo.

El fundamento de esta visión es fatalista, concluye en que quien no tiene nada que decir, pasa por el mundo sin dejar huella, sin decir nada importante. Que solo algunos están llamados a producir algo trascendente. Entonces millones de hombres pasan así, inadvertidos, oscuros, y es posible pensar que no tuvieron oportunidad de expresarse. Una respuesta puede ser, que no fueron tocados por la vara mágica; la otra es que no tuvieron la posibilidad social de desplegar su potencialidad. Esto responde a características internas y externas, íntimamente relacionadas, pero lo que es innegable es que todos los hombres están inmersos en un medio que les asigna un rol de acuerdo a su condición social y por lo tanto al espacio en que se desenvuelven. En la actualidad en casi toda América hay grandes sectores marginados de la salud, la educación y el trabajo. Estos excluidos no tienen oportunidad de un ejercicio escolarizado de creatividad, sin embargo en sus manifestaciones públicas encuentran formas sumamente creativas de subsistencia y de expresión de sus problemas, como podemos corroborarlo en los noticieros de todos los días. Nuevas consignas de lucha, nuevas formas de organización, graffittis, música de protesta, viviendas alternativas, piquetes, marchas, etc. En este sentido, tener en cuenta la cultura y los acontecimientos cotidianos, es imprescindible para el análisis, porque el acto creativo no solo se encuentra en los museos, o en los medios, esta también en la calle y en la vida cotidiana.

La organización social orienta esta actividad de una u otra manera, un marco opresivo social cultural, educativo, tiende a cercenar la potencialidad creadora del individuo, mientras que una situación democrática, basada en la libertad de expresión es mas proclive a incentivar un crecimiento integral, armónico, donde proliferen la polémica y la libre elección. Esta confrontación permanente en los distintos planos del quehacer humano es un fomento a la creatividad, mientras que la negación o restricción de esta dinámica, retarda la transformación social, como el crecimiento individual.

De aquí el interés por profundizar en un tema que frecuentemente se señala como destacado en los ámbitos educativos, pero que en la practica diaria se parcela, se considera aleatorio, se limita como una característica desvinculada del concepto de aprendizaje, como de la vida diaria. En el sistema educativo es un hecho real, aunque no lo sostiene ninguna teoría explícita, que la adquisición de conocimientos ocupa un lugar distanciado del que ocupa la creatividad, como si una y otra estuvieran divorciadas. Es frecuente relacionar a la creatividad y al juego con la expansión del «recreo», de dispersión, con el tiempo improductivo, los momentos de ocio. Esta distorsión es propia de una concepción educativa, que va a formar individuos de determinado tipo. La falta de integridad en aspectos tan indisolublemente vinculados, dificulta enormemente el aprendizaje. Tanto en el caso de niños como de adultos, la repetición de información, sin incluir la creatividad propia, entorpece el aprendizaje. La riqueza de la reflexión sobre cualquier tema eleva el nivel de comprensión y análisis, abriendo el interés y la motivación. Permite trabajar sobre la indagación, la búsqueda y el descubrimiento. La memorización repetitiva es un método tortuoso, reñido con la forma natural de adquirir conocimientos, ya que relacionar y comprender son actos de interés, de inteligencia, mientras que memorizar es una acción rutinaria. El juego y la creatividad son una forma de conocer que es indivisible de la razón. La acción lúdica no es privativa de la infancia, es constitutiva del hombre. El sueño, el juego y la creatividad en la expresión natural del sujeto, son inherentes al crecimiento. Establecer una diferencia entre estudiar y satisfacerse con ese trabajo, dificulta la adaptación del individuo al medio y propicia conflictos. Es importante entender a la creatividad como parte constitutiva de la educación, la cultura y la comunicación, a fin de mejorar el nivel de ejercitación de este aspecto, para incorporarlo integralmente a la preocupación de los temas educativos y sociales.

Atender los alcances de la expresión creativa a nivel masivo, puede incidir positivamente para mejorar la calidad de vida de los habitantes de las sobredimensionadas ciudades actuales. Las actividades creativas para niños, jóvenes, ancianos, están dando muy buenos resultados en las ciudades más conflictivas y pobladas del mundo. Los grandes museos han incorporado salas de interactivas y actividades manuales para distintas edades, abiertas al publico, con resultados positivos. El fomento a las festividades regionales y el turismo ecológico son un éxito, que encausa inquietudes diversas. Por lo tanto, el fomento a las actividades creativas, debe jugar un rol en los planes de cultura y educación, para propiciar un futuro de hombres más sanos y productivos.

Dentro de este marco el concepto de creatividad cobra una dimensión más amplia, rebasando los intereses especiales de la educación proyectual o artística, para convertirse en una preocupación social, que contempla planos mas abarcativos, que forman parte de la cultura y pueden contribuir a enriquecerla. Ser creativos en la vida cotidiana, en la interpretación histórica, en las ciencias naturales o en las matemáticas, es la forma de abrir el camino a otro tipo de formación, a propiciar individuos que en cualquier campo produzcan originalmente y no reproduzcan normas y modelos pre establecidos.

Una sociedad de hombres indiferentes, pasivos, genera estatismo, quietud e inmovilidad. Una cultura de individuos activos, capaces de crear en cualquier ámbito, de discernir y cuestionar, moviliza individual y socialmente.

La historia da testimonio sobre el desarrollo creativo que el hombre produjo, generando los grandes cambios de los que somos herederos; que sin la rueda viviríamos en otro momento de evolución, que el hombre moderno ha creado innumerables elementos de imaginación e ingenio para su bienestar y crecimiento, entonces, afianzar el goce de la producción creativa abre espacios alternativos para la formación de individuos más proclives a crear en beneficio colectivo.

En lo que se refiere a las áreas proyectuales y de comunicación en específico, uno de los conceptos a redimensionar es justamente el desarrollo de este potencial creativo. Las áreas artísticas y proyectuales, son lenguajes que debemos dominar no solo técnicamente, sino como forma de comunicación, de conocimiento, de significación. Son recursos expresivos para construir el mensaje, para conferirle sentido.

Los códigos particulares de cada disciplina implican un esfuerzo, un trabajo permanente, ya que están constituidos de conocimientos, técnicas y destrezas. Hay leyes internas propias, que requieren de un aprendizaje teórico-práctico complejo; para establecer el hecho comunicacional. En el caso de la comunicacion visual el estudio de la semiótica fundamenta el proyecto y redimensiona el uso de repertorios y recursos. Pero sin creatividad no hay comunicación, es la sintesis de los elementos empleados y su diversidad representativa lo que imprime al mensaje una nueva interpretacion, una lectura inolvidable. Formar gente capacitada para dominar con perfección una técnica, un instrumento o una herramienta, no garantiza la posibilidad de expresión de construcción del significado; es necesario formar individuos proclives a crear, a transmitir la problemática de su época, a conmover y emocionar. El propósito es formar individuos innovadores, críticos y éticos en la producción de mensajes. Para lograr esto, hay que contraer el compromiso de conjugar, durante el proceso de aprendizaje, tanto el conocimiento de la disciplina, como el ejercicio del potencial creativo, en un tiempo simultáneo e integrado. Esto significa que no es posible dividir lo teórico, lo técnico, lo creativo, como tiempos diferentes, porque son parte constitutiva de un mismo hecho.
Esto requiere del docente un alto poder de síntesis, que significa transformar el conocimiento en un elemento dinámico, cambiante, integrador. Entenderlo como una construcción permanente y desconfiar de las recetas preestablecidas.
Esta posibilidad permite cuestionar y por lo tanto cambiar, toda concepción tradicionalista, como autoritaria, en el campo de la educación. Exige bajar del pedestal que confiere la supuesta legitimidad del saber. Significa remover todos los planos del quehacer educativo hasta sus últimas consecuencias, en función de propiciar un medio más adecuado para la producción creativa. Un ámbito de libertad y confianza, de duda y riesgo, de experimentación y crítica. La educación puede y debe desarrollarse, sobre la base del trabajo como placer de conocer y de crear, sobre conceptos y métodos satisfactorios, y con dimensiones interdisciplinarias.
El dominio de un lenguaje sirve para que el individuo maneje las herra-

mientas que le permitan decir mejor lo que quiere transmitir, que lo pueda significar, pero de ninguna manera para limitarlo a ser un mero reproductor. La copia y la repetición no satisfacen al hacedor, mas bien lo frustran, lo limitan. El uso de las técnicas, las herramientas y los elementos del lenguaje, requieren de aprendizaje. Ese saber es necesario para expresarse y comunicarse, pero el mensaje se construye desde la significación, con el pensamiento, el bagaje conceptual, la pertenencia cultural, la identidad y la creatividad del productor.

Es por estas consideraciones que entendemos a la creatividad como una categoría esencialmente humana que abarca todo el quehacer social y puede aportar a mejorar la educación y la calidad de vida de la población. Cuando vivimos las consecuencias del capitalismo neoliberal, cuando la miseria, la violencia y la desocupación son una realidad creciente, la preocupación por la educación y la recuperación de espacios culturales que nos identifiquen, cobra vigencia y hay que buscar como construirla y revalorizarla.

En la actualidad presenciamos una encarnizada lucha entre el despliegue de la capacidad creadora y la adaptación pasiva del hombre al medio. La situación es de tal magnitud que se vuelve un desafió dominar la fabulosa tecnología que nosotros mismos hemos producido y convivir con un ejercito de marginales al cual hemos excluido de la distribución social equitativa. Este despropósito tiene graves consecuencias para el futuro, es posible todavía rescatar una creatividad al servicio del hombre para revertir el caos, para alcanzar una distribución que se corresponda con las necesidades de las grandes mayorías. Los alcances de la ciencia, la tecnología, la informática, los sistemas multimediales, son magníficos y debemos usarlos al servicio de una mayor equidad, su utilidad debería permitirnos la resolución adecuada y efectiva de las complicaciones de la vida moderna. El trabajo creativo cobra un lugar preponderante en nuestra época.

Existe un uso educativo espontáneo, poco sistematizado sobre los aspectos creativos, como sobre los instrumentales, una deficiencia curricular en el aprovechamiento de estos elementos potenciales que pueden ser empleados para optimizar los procesos y los resultados educativos.

Carlos Fuentes en su libro «Geografia de la novela» reflexiona sobre esta actualidad comunicacional: «Hay informacion, hay datos, hay tópicos, hay imagenes asociadas a la violencia o al placer, al terrorismo o a la vacación, e incluso al terrorismo de las vacaciones o a las vacaciones del terrorismo. En cambio hay poca imaginación. Los datos y las imágenes se suceden abundantes, repetitivos, sin estructura ni permanencia. Sin embargo ¿Que es la imaginación sino la transformación de la experiencia en conocimiento? Y no requiere esa transformacion un tiempo, una pausa, un deseo» «...tiempo. Tiempo y deseo. Pausa para transformar la informacion en experiencia y la experiencia en conocimiento. Tiempo para reparar el daño de la ambición, el uso cotidiano del poder, el olvido, el desden. Tiempo para la imaginación. Tiempo para la vida y para la muerte.»

Divan Japonais

75 rue des Martyrs

Ed Fournier
irecteur

3 LA PRODUCCION CREATIVA DE LA SOCIEDAD

ntre los distintos planos que comprende el estudio de la creatividad vamos a ubicar algunas consideraciones generales de lo histórico social para situar el tema. La creatividad ha sido ejercida durante toda la historia de la humanidad, desde los primeros hombres hasta las culturas actuales. Los datos que ofrece esta producción creativa, muestran los logros que las sociedades fueron alcanzando para trabajar, manifestarse y elevar sus condiciones de vida.

El patrimonio cultural de la humanidad se guarda como tesoro histórico para mostrarnos la forma en que se fue construyendo el mundo en sus distintas épocas. Los descubrimientos científicos, las obras de ingeniería, arquitectura, literatura, escultura, pintura, diseño, etc. nos permiten reconstruir la vida del pasado. Hay muchas producciones que desaparecieron con el paso del tiempo, otras que se modificaron, pero podemos reconstruir cada cultura por medio de su producción, para conocer la historia de las distintas comunidades.

La producción y la capacidad creativa son un producto social, humano que a través de la historia los hombres han plasmado en diversos productos. Podemos constatar desde el objeto creativo social, realizado por individuos que han trabajado ideas de su época, hasta la visión comunitaria o individual, que lo hicieron posible para comunicarse con sus semejantes cristalizando su momento histórico, plasmando su ambiente, sus creencias y las características de su tiempo.

Esta producción, tiene sus orígenes en los primeros hombres, y ha estado siempre, a través de la historia, ligada estrechamente a la problemática social de los pueblos. En los distintos períodos de la historia de la humanidad los hombres se expresaron por medio de diversas obras simbólicas y funcionales que trascendieron su tiempo. Así conocemos, o podemos interpretar las preocupaciones y sentimientos de los hombres primitivos alrededor del misterio de la vida y la muerte, de la maternidad, de la naturaleza, de la caza, la siembra, las formas de vida social, las creencias religiosas, la magia.

Esto sucede en cada tiempo histórico de la humanidad, cuando Prometeo cuestiona el esclavismo y muere por la libertad; cuando el Caravaggio pinta prostitutas para representar a la virgen, cuestionando así el poder sobrenatural de la Iglesia. Cuando los hombres del Renacimiento, desafían el poder creando y reflexionando en las ciencias, las artes y la técnica.

Y podemos citar muchos ejemplos, pero el objetivo es señalar la importancia de la creatividad como forma de expresión humana en el plano social e individual. La relevancia de esta producción para su tiempo y para el futuro. Las pirámides y los templos prehispánicos fueron construidos para trascender, para perdurar. La Imprenta popularizo el saber en el mundo occidental.

Dice Mondrián, artista contemporáneo, que el arte puede desaparecer, pues su esencia consiste en sustituir el equilibrio de que carece la realidad; dice textualmente: «El arte desaparecerá a medida que la vida resulte más equilibrada». Es decir, que el arte es para él un medio para establecer un equilibrio entre el hombre y su medio social. Esto, permite reconocer el valor y la necesidad de la expresión artística en todo tipo de sociedad. El lugar que ha ocupado la creatividad como motor del progreso social.

Los mensajes intencionales, las expresiones creativas, nacieron como una necesidad colectiva y se convirtieron, con la división de la sociedad en clases, en herramientas del poder que proyectaban una forma de comunicación para difundir ideas, creencias y obras para la posteridad.

Fischer, en su libro «La necesidad del arte» dice que... «todo arte está condicionado por el tiempo y representa a la humanidad en la medida en que corresponde a las ideas y aspiraciones, a las necesidades y esperanzas de una situación histórica particular. Pero, al mismo tiempo, el arte va más allá, supera este limite y en cada momento histórico, crea un momento de la humanidad, susceptible de un desarrollo constante».

Es decir cree que la expresión artística trasciende los momentos históricos y propone un devenir entendiendo la necesidad de cada pueblo por trascender su época.

El hombre se expresó desde los comienzos de la especie en forma creativa lo que lo convirtió en ser pensante fue precisamente el trabajo creativo, transformador, el uso de la mano y su prolongación en la herramienta. Pero en la intencionalidad del mensaje hay distintos comportamientos según la cultura y la época de que se trate.

Carlos Marx, refiriéndose al trabajo como el eje del desarrollo del hombre dice: «Hemos de considerar el trabajo como forma peculiar de la especie humana. La araña realiza operaciones parecidas a las del tejedor, y más de un arquitecto quedaría en ridículo ante la habilidad con que una abeja construye su celda. Pero lo que distingue desde el primer momento al más incompetente de los arquitectos de la mejor de las abejas, es que el arquitecto ha construido la celda en su cabeza, antes de construirla con cera. El proceso de trabajo termina con la creación de algo que, al iniciarse, ya existía en forma ideal. El trabajador, no se limita a provocar un cambio en los objetos naturales; al mismo tiempo, realiza sus fines propios en la naturaleza que existe fuera de él, los fines que rigen sus actividades y a los que ha de subordinar su propia voluntad.»

La cita es interesante para ubicar la diferencia entre el trabajo del hombre y la reproducción animal, donde la intencionalidad esta dada por la inteligencia y la creatividad.

El hombre necesitó mucho tiempo y muchas experiencias para enfrentar la naturaleza, dominarla y transformarla en forma creativa. El triunfo sobre la naturaleza le proporcionó bienestar y cambios cualitativos.

Una sociedad se compone de individuos y un individuo tiene razón de ser en su marco social. El ser individual y el ser social se manifiestan al mismo tiempo, se desarrollan al mismo paso y se transforman en mutua relación. El progreso del mundo no puede entenderse de otra manera. Así una cultura expresa la conjunción del pensamiento y el accionar de un conjunto de individuos en un lugar y en una época. La producción creativa solo puede comprenderse en este contexto. En el crecimiento colectivo, en el intercambio y el aprendizaje común.

Entonces decimos que el hombre es un producto social y a su vez un transformador de esa sociedad y que ambos son indivisibles, uno no existe sin el otro y viven condicionados y condicionándose en una interrelación dialéctica. Nos interesa fundamentar el desarrollo de la potencialidad creativa del hombre como transformador social y por lo tanto la importancia de la creatividad, como elemento constructivo, en el desarrollo, en la crecimiento social.

Dice Fischer en el libro mencionado que, «...para ser artista hay que captar y transformar la experiencia en recuerdo, el recuerdo en expresión, la materia en forma. Para el artista, la emoción no lo es todo; debe conocer su oficio y encontrar placer en él, comprender todas las reglas, procedimientos, formas y confecciones con que la naturaleza se puede domar y someter al contrato del arte. La pasión que consume al diletante se pone al servicio del verdadero artista, el artista no es vencido por la bestia: la doma».

La tensión y la contradicción dialéctica son inherentes al arte; éste no solo surge de una experiencia intensa de la realidad, sino que se construye, adquire forma a través de la objetividad; el libre juego artístico es resultado de un dominio de la técnica y el lenguaje y a la vez de la necesidad y la decisión de comunicarse, de transmitir una idea, una critica, un mensaje.

Por medio del trabajo el hombre transformó el mundo, de un trozo de piedra, de madera y de hueso, hizo sus utensilios y herramientas, enfrentó la naturaleza la dominó, desarrolló un lenguaje verbal, corporal, gráfico, conceptualizado; así transmitió sus experiencias convertidas en conocimientos, se transformó de animal en hombre, mediante el trabajo.

Este es un proceso creativo de trabajo, esencialmente diferente del trabajo alienante, rutinario, repetitivo. Porque es resultado de la voluntad humana, es la construcción productiva, lo que constituye la esencia misma de la condición humana en el accionar social.

Los primeros constructores de instrumentos que dieron forma a la piedra para emplearla como herramienta, los que distinguieron los primeros sonidos, los que usaron gestos y movimientos corporales para comunicar-

se, son de alguna manera los primeros comunicadores de la humanidad, artistas en el sentido del desarrollo del trabajo creativo. Estableciendo diferencias con lo que va a significar arte y artista en épocas posteriores. Porque aquellos hacedores fueron resolviendo sus necesidades en forma innovadora, creativa, para resolver mejores condiciones de vida. Para rendir culto a sus dioses y mas tarde, para sostener el poder.
Este trabajo creativo que implica una intención de transformar la sociedad, es el concepto que intentamos rescatar para señalar la importancia de la creatividad, que puede tener distintas formas en los diferentes marcos sociales de referencia, pero que no pierde en ninguno de ellos su vigencia.
El papel de la magia en los albores de la humanidad es un elemento interesante para comprender la creatividad. Para el hombre primitivo el descubrir que la naturaleza podía transformarse a su servicio, fue un largo proceso que motorizó su indagación. Fue comprendiendo que los materiales en bruto podían convertirse en herramientas para el uso cotidiano y esto lo llevó a ejercitar un proceso de experimentación, que lentamente desarrolló el pensamiento proyectivo. Observó, experimentó, luego planificó, construyó el objeto, volvió a experimentar y fue mejorando su producción y ampliando sus recursos.
A través de la imitación y la creatividad fue dominando el medio natural y paulatinamente la organización social. Aquello que no pudo entender con un pensamiento concreto se lo explicó mágicamente. La incipiente explicación científica, tanto ante los fenómenos naturales, como ante los que fueron producidos por él mismo, lo llevaron a construir un pensamiento concreto o un pensamiento mágico.
Así para cazar colgó de un árbol la piel del animal, con el propósito de atraerlo, de poseerlo y luego lo pintó en las cuevas simbolizando su apropiación. El arte o el trabajo creativo se convirtieron en instrumentos mágicos que le sirvieron para apropiarse de la naturaleza y desarrollar las relaciones productivo - sociales.
La importancia de la expresión creativa para el hombre primitivo, no era una cuestión elaborada, sino espontánea. Existen innumerables

estudios sobre el culto a la lluvia, al sol, a la luna, las danzas rituales, las ceremonias sexuales, la fertilidad, etc., que van marcando pautas de la construcción del concepto mágico. Esto está íntimamente ligado con la creatividad como expresión, donde el hombre siente y exterioriza su mundo interior por medio de gestos, sonidos, graficando sobre piedra o pintando sobre su propio cuerpo. Esta practica fue conformando un sentido del gusto y del placer ligado a la vida física, al trabajo, a la subsistencia y a la organización grupal. El trabajo vinculado a las creencias mágico-religiosas y a la subsistencia, fueron una forma inicial de lo que dimos en llamar «arte» "comunicación" y "expresión". Es el producto del trabajo creativo vinculado a las necesidades de subsistencia y a la construcción simbólica.

En esos remotos tiempos la producción creativa fue un instrumento de poder sobre la naturaleza, una intención de dominar el medio, sobre los demás hombres y la realidad. Una búsqueda de alimento y defensa, de fortalecimiento humano ante las inclemencias del medio y nada tenía que ver con el concepto de belleza, ni con el deseo estético, ni con el arte, pero si con la necesidad de comunicarse y de exteriorizar.

Aquellos primeros hombres actuaron sobre la realidad, ejerciendo su creciente dominio en el enfrentamiento con el ambiente. Su actitud fué resolver los problemas que se le presentaban; mantener el grupo, cazar, la domesticar al animal, afrontar el parto, llamar a la lluvia, establecer el lazo amoroso, defenderse del peligro, planificar la caza y la siembra. El uso de la imitación, la identificación, el poder de la magia para enfrentar a la naturaleza y para organizarse como grupo humano; eran las formas elementales de conocer y dominar las leyes naturales, descubrir la causalidad y organizar a partir de eso, un mundo mas seguro para la comunidad. La observación y la experiencia le permitieron cambiar las condiciones de existencia.

La concreción creativa le posibilitó avanzar en el camino del poder, del triunfo sobre el medio, apreciar el placer y organizarse grupalmente. Triunfó sobre el animal al atraparlo, las danzas posteriores a la caza aumentaban su satisfacción por vencer al animal y lograr la subsistencia. La captura y la domesticación del animal le abrieron nuevos hábitos de vida. Las pinturas corporales y los gritos de guerra enardecían al guerrero y atemorizaban al enemigo. Las pinturas en las cuevas afirmaban el espíritu de enfrentamiento del cazador y simbolizaban el poder sobre la presa. Así fueron construyendo la ritualidad y sus símbolos.

Las ceremonias rituales crearon un sentido colectivo en las tribus. El grito del amor proporcionó placer y posesión. El de la parturienta le dio valor humano al nacimiento y sentido al dolor.

La magia para los primeros hombres, constituyó un apoyo concreto al crecimiento, al desarrollo grupal. La tribu primitiva era fundamentalmente colectivista, vivía en estrecha relación social ya que esto la defendía de los peligros. Ser expulsado de la tribu era la muerte del individuo. Las manifestaciones rituales y festivas eran fundamentalmente sociales, todo el colectivo formaba parte activa de las mismas y avanzaba con ellas.

Con la evolución humana todo se transforma y las necesidades del hombre y su lucha con la naturaleza modifican paulatinamente su forma de existencia y sus relaciones. Pero pese a las profundas transformaciones de la humanidad estos conceptos primitivos sobre la magia siguen existiendo y jugando un papel muy destacado en las sociedades, adoptando diferentes formas en cada momento histórico; religión, ciencia, arte, política, tienen y han tenido, para la humanidad componentes de magia. El hecho creativo, tan discutido y teorizado en todos los tiempos, se analiza desde distintas ópticas en cada época, pero nadie ha negado a la magia, al interior del fenómeno, como nadie puede negar la transmisión que la obra de arte hace, de una época determinada de la historia.

La produccion creativa entonces, por distintos tipos de condicionamientos y necesidades en cada época dan como resultado distintos tipos de mansaje. Sean estos de sentido natural, social, psicológico o religioso, en ellos intervienen el hombre que crea y el que recibe el mensaje, inmersos en una sociedad determinada.

Se puede marcar siempre una constante: la intención del emisor de comunicar por medio de un mensaje, una emoción, un pensamiento, una idea, un dolor, un instante de su vida, esto es lo que diferencia a una producción creativa artística, de una producción funcional. Una silla, por ejemplo, tiene un diseño, una estética, refleja la concepción de una época como cualquier otro mueble, pero además tiene que ser funcional. Tiene que ser anatómica y cumplir con un tamaño y un peso determinado. Esto no la hace menos creativa, sino que le confiere un valor especifico determinado por la función.

Podemos señalar un conjunto de factores para analizar una obra de arte como producto creativo del hombre. Entre ellos podemos mencionar: los históricos, político sociales, económicos, culturales y los expresivos individuales.

Esto puede mantenerse como lineamientos constantes para analizar los fenómenos artísticos en las distintas épocas y lugares donde se producen.

De todos modos a partir de estos elementos vamos a diferenciar el producto creativo del hombre que se convierte en obras de trascendencia social, o en obras de arte, de los trabajos donde la función cumple un rol, como en las disciplinas proyectuales; de la creatividad como actividad humana más general y accesible a todos los campos de la actividad del hombre.

Dice José Gordillo en su libro «Lo que el niño enseña al hombre": «La creatividad tradicionalmente ha sido un desafío a las funciones de Dios». «Al estudiar la creatividad no podemos entenderla como un simple cambio en los hábitos de conducta»... «Es la más alta facultad del pensamiento humano integral»... «La creatividad es el hombre que frente a lo imprevisto asume una actividad inteligente y supera las limitaciones de los medios.»... «La creatividad es la dignidad del hombre»... «Es la primera condición de la presencia humana, la facultad instauradora que fue robada temerariamente a los dioses»... «La creatividad es la capacidad de romper todos los condicionamientos culturales, es el coraje, la audacia, la fuerza vital del hombre total que siente la necesidad de una transformación, una superación recíproca y permanente con el universo como único medio de corresponder a la belleza de la existencia. La creatividad se manifiesta cuando el trabajo, como medio de vida, se transforma en obra como razón de la vida y devuelve al hombre la satisfacción vital de sentirse y ser un diseñador integrado al ambiente. La creatividad es una forma de vivir. La única forma de vivir».

Gordillo realiza su trabajo en el campo de la plástica en la educación infantil, su discurso transmite convicción. Termina este capítulo con una frase tal vez demasiado radical, pero positiva: «La obra de arte, al museo. El objeto de arte, al mercado. El acto creativo ¡a los hombres!.»

Esta reseña analiza la creatividad, no como una actitud impuesta o ficticia para el hombre, sino constitutiva de su esencia como ser individual y social. Así se expresaron los primeros hombres y a través de la historia lo continuaron haciendo sus sucesores. Manifestando por medio de distintas producciones creativas, religiosas, filosóficas, sus sentimientos religiosos, de amor, odio, temor, dolor, rebeldía, angustia, como otros valores representados de las más diversas formas y en todos los lenguajes.

Las distintas épocas históricas enmarcan desde sus condiciones objetivas producciones artísticas colectivas o individuales. Hay momentos en que destacan artistas individuales, como en el Renacimiento. Otras épocas en que el arte es una manifestación del colectivo como en el mundo antiguo. Pero en última instancia, e independientemente del análisis de cada época, el hombre se expresó creativamente, comunicándose con sus semejantes y esto nos habla de la creatividad como práctica constitutiva de la condición humana.

Las acciones y las producciones tienen una intención de comunicar, de encontrarse con el otro, sea en forma reflexiva o espontánea. Los lenguajes y recursos, son empleados de diversas formas según la intencionalidad del emisor y las características del receptor. La creatividad es constitutiva de la comunicación, tiene una historia y una función en cada época y grupo cultural.

Reine de Joie
par
Victor Joze
chez
tous les
libraires

4 CULTURA Y EDUCACION

omo vemos, el estudio de la creatividad nos lleva a tomar aspectos históricos, psicológicos, educativos, sociológicos y estéticos, que son necesarios para conferir un marco de referencia.

La creatividad es un accionar social que está inmerso en lo que denominamos cultura y por lo tanto definir una posición respecto a este concepto, permite ubicar lo que hace a educación, y comunicación, y establecer sus interrelaciones.

Ubicamos a las manifestaciones de la cultura como parte de la superestructura ideológica del Estado donde, como en los demás aspectos superestructurales, hay corrientes de pensamiento progresivas y conservadoras. Los hábitos, costumbres, tradiciones, creencias y expresiones creativas, modos de aprender y producir, son formas de la cultura.

La expresión de las tendencias que manifiestan todo el quehacer cultural de la sociedad, van construyendo una cultura. Este es un concepto estudiado por la antropología y la sociología, que sirve para enfocar la cultura como la totalidad identificatoria de la organización social.

El marxismo desarrolló el problema de la producción en el capitalismo con una visión abarcativa, aunque en muchos aspectos determinista. Dice Marx.,..» en la producción social de su vida los hombres contraen determinadas relaciones necesarias e independientes de su voluntad, relaciones de producción, que corresponden a una determinada fase de desarrollo de sus fuerzas productivas materiales. El conjunto de estas relaciones de producción forman la estructura económica de la sociedad, la base real sobre la que se levanta la superestrucutra jurídica y política y a la que corresponden determinadas formas de conciencia social. El modo de producción de la vida material condiciona el proceso de la vida social, política y espiritual en general. No es la conciencia del hombre la que determina su ser, sino por el contrario, el ser social es lo que determina su conciencia.»

Estos lineamientos metodológicos de la forma en que funciona la sociedad en su conjunto, ubican a la cultura como un consecuente de esas interrelaciones. Es decir la cultura producida por un pueblo es consecuencia de la vida económica, social y política de ese pueblo. Lejos de entrar en la discusión del determinismo, que algunas corrientes marxistas hicieron del pensamiento de Marx, es de suma utilidad el enfoque integrador para analizar la estructura, para abordar este tema teniendo en cuenta que otras concepciones han desarrollado posiciones fragmentarias sobre el problema. Entendemos que es necesario buscar visiones abarcativas para analizar un tema como la cultura. Si la cultura es la síntesis de la vida de un pueblo, nos permite a través de sus manifestaciones conocer a esa sociedad y a sus individuos. Por lo tanto también ubicar a la creatividad como un recurso potencial del hombre y a la educación como un hecho de construcción de saberes, en el marco de una cultura históricamente conformada.

Veamos ahora lo que dice Freud sobre cultura, polemizando contra la reacción europea en «El futuro de una ilusión». «La cultura, humana se ha elevado por sobre sus condiciones animales- y me rehúso a separar cultura y civilización,- muestra al observador, como es sabido dos aspectos. Comprende, por una parte, todo el saber y el poder que los hombres han adquirido para dominar las fuerzas de la naturaleza y extraerle bienes para la satisfacción de las necesidades humanas, así como por otra parte, todas las formas sociales que son necesarias para regular las relaciones entre los hombres y especialmente la distribución de los bienes logrados».

La cultura expresa la actividad social de los hombres y los pueblos; los vínculos que se manifiestan tanto en la estructura económica, como en la producción de objetos y mensajes o en las obras de arte, en el comportamiento cotidiano de los sujetos en su contexto histórico, político, económico. Es la expresión de la riqueza de las sociedades, su memoria histórica, su visión del pasado y su proyecto de futuro. Es un reflejo de hábitos, creencias, costumbres, tradiciones y aconteceres, individuales y colectivos.

Existe una permanente interrelación entre la producción material de la vida social y el conjunto de relaciones sociales-culturales que a su vez se revierten sobre ese modo de producción. Es una totalidad compleja que articula la acción de todos los miembros de una sociedad, en un tiempo y un lugar determinados. Es lo que une e identifica a una comunidad cuyo patrimonio es compartido. Es el devenir histórico, la experiencia cotidiana que construye la identidad.

El concepto de cultura engloba el tipo de producción dominante, el material instrumental con que tiene lugar esa producción, la tecnología y el conocimiento que el hombre emplea para garantizar esa reproducción material. Es reflejo y herramienta de las aspiraciones sociales en las cuales están presentes las condicionantes conscientes, integradas en las distintas formas de expresión humana.

Es necesario mencionar que las anteriores referencias no pretenden arribar a una definición universal de Cultura, sino más bien fijar posición respecto a la óptica desde la cuál vamos a abordar lo que hace a cultura y educación.

En general se ha tomado el concepto de cultura para medir la producción intelectual de un pueblo o de un individuo, reduciendo así el concepto. Esto tiene connotaciones políticas e históricas; así es común hablar de países cultos, como los europeos y de países atrasados como los Africanos o Americanos. Así se denomina culturas dominantes y subalternas, a aquellas que provienen de centros de poder o son dependientes. En muchos casos se hace referencia al folklore como cultura popular, como una forma de separarlo de lo que podríamos llamar «cultura culta»

En realidad para hablar de la producción cultural de una sociedad debemos tener en cuenta integralmente el conjunto de sus manifestaciones.

Sucede algo similar con el término «educación», muchas veces ligado a los años de escolarización de un individuo; o con la palabra «arte» relacionada con las galerías, los museos o las orquestas de cámara. Una serie de términos que han sido distorsionados de acuerdo a intereses sectoriales o a modas coyunturales. Algunos de estos aspectos serán retomados en particular a lo largo del trabajo, en base a cuestiones concretas relacionadas con la educación artística, con la creatividad y con la comunicación.

Sobre las relaciones entre cultura y educación, Sara Paín, hace algunas consideraciones en su libro, «Diagnóstico y tratamiento de los problemas de aprendizaje». Recuperamos algunos conceptos y reflexiones que la autora propone por considerarlos de interés y realizamos ciertas críticas con la finalidad de fijar posición sobre una polémica que siempre es actual. El texto abre líneas de análisis sobre cultura y educación que resultan aplicables a nuestro análisis. Para Sara Paín el concepto de aprendizaje está inscripto en el de transmisión de cultura; lo que implica que cada sociedad hace cierto tipo de aprendizaje para viabilizar sus pautas culturales. Asigna a la Educación cuatro funciones interdependientes:

a) Conservadora
b) Socializante
c) Represiva
d) Transformadora.

Afirma que la educación puede desarrollar, en el proceso de aprendizaje, una instancia enajenante o una posibilidad liberadora. Esto define su concepción acerca del rol de la educación, explicitando su idea sobre la cultura y la lucha ideológica, desde los contenidos y métodos.

Teniendo en cuenta su aseveración sobre la simultaneidad de lo enajenante y liberador del proceso de aprendizaje, se presume que existen contradicciones que se van resolviendo en esa dinámica. De todos modos está planteado, en términos generales este punto, y se rescata la idea.

La autora emplea el ejemplo de la alfabetización, para optar por una psicopedagogía que permita al sujeto que no aprende hacerse cargo de su marginación y aprender desde ella, rechazando el lugar que el sistema le asigna, para lo cuál debe transformarse a sí mismo, integrase e incidir, en el cambio de la sociedad. Esta idea aparece confusa, ya que aparentemente, queda en manos de esos marginales su propia recuperación, como la liberación social. Por otra parte parece hacer hincapié en una educación circunscripta a la alfabetización, dejando de lado o desechando, las posibilidades educativas más amplias que todo individuo recibe de la sociedad sea o no analfabeta. Esto contradice un párrafo anterior, en lo que hace a la función socializante de la educación, desde el que valora, códigos, normas, formas y pautas de comunicación, transmitidas socialmente, inscriptas en el bagaje cultural de una sociedad, que son recibidas por el conjunto de analfabetas, como de alfabetas.

Sara Paín hace un análisis sobre el problema de la ignorancia desde el punto de vista de la problemática individual y patológica, al que agrega que el problema más grave es el de la oligotimia social, planteando que para encarar una programación psicopedagógica, se deben tratar los casos individuales. Tal vez sea correcto el método, pero faltaría ampliar o precisar el papel que cumple la ignorancia en las sociedades divididas en clases y de economías dependientes; que pueden compararse con la desocupación, la desnutrición, la mortalidad infantil, y los problemas de salud mental, entre otros.

Sobre los problemas de aprendizaje: Sara Paín, establece una distinción entre problemas de nivel y los exclusivamente escolares, para luego diferenciar la perspectiva psicopedagógica de la estrictamente pedagógica. Considera perturbaciones en el aprendizaje a las que atentan contra la normalidad del proceso, sea cual fuere el nivel cognitivo del sujeto. Y por otro lado las que se producen en el marco de la institución escolar.

Con respecto a las dimensiones del proceso de aprendizaje, la autora dice: «En el lugar del proceso de aprendizaje coinciden un momento histórico, un organismo, una etapa genética de la inteligencia, y un sujeto; adscriptos a otras tantas estructuras teóricas de cuyo engranaje se ocupa y preocupa la epistemología, nos referiremos al materialismo histórico, a la teoría piagetiana de la inteligencia y a la psicoanalítica de Freud, en tanto instauran la ideología, la operatividad y el inconsciente». Define tres dimensiones del proceso de aprendizaje:

a) Dimensión biológica.

b) Dimensión cognitiva.

c) Dimensión social.

Esto es lo más importante del planteo de Sara Paín, en este texto, la articulación de estas tres dimensiones del proceso de aprendizaje que se presentan como un estudio completo, para abordar globalmente los problemas educativos.

Al referirse a la dimensión social del proceso de aprendizaje enfoca el problema de la cultura en forma general definiéndola como instituciones y familia, encargadas de transmitir una cultura determinada (hablar, saludar, usar utensilios, fabricar, rezar, etc.). Tal vez aquí, sería necesario considerar algunas cuestiones respecto a la cultura dominante y a la cultura subalterna, que no están tajantemente separadas, sino que conviven, formando parte de las contradicciones sociales. Para buscar integrar el concepto de cultura y contemplar la parcialización de los cambios de los ultimos años, donde se han profundizado las diferencias.

La cultura constituye la riqueza de la sociedad; su bagaje histórico, su acumulación del pasado y su proyecto futuro. Es un reflejo de hábitos, creencias y luchas, individuales y sociales. Todo esto si bien está condicionado por la estructura económica, actúa a su vez sobre ella, modificándola en un ir y venir, en un movimiento permanente; en una interrelación entre la producción material de la vida social y el conjunto de relaciones sociales-culturales que a su vez se revierten sobre ese modo de producción. Esta totalidad compleja, que define y articula la acción consciente e inconsciente de cada uno y todos los miembros de una sociedad en su producción material e intelectual colectiva, es lo que puede llamarse: cultura.

¿Que define Sara Paín, en este texto, por cultura? Básicamente «tradición» o sea la transmisión de hábitos y costumbres de una generación a otra. Lo que hace un reduccionismo del problema, porque «cultura» es una cosa más viva, que se recrea permanentemente. Que abarca las tradiciones, creencias y costumbres de una comunidad con sus cambios generacionales y sociales. En la realidad Latinoamericana, las culturas regionales se recrean y enriquecen constantemente. El concepto cultura no puede reducirse al de folklore, porque es más amplio y más complejo. En lo que hace a educación, enumera algunas hábitos o normas como: lavarse, comer, vestirse, etc., que son represivas para la formación y que corresponden a grupos sociales que reproducen el sistema vigente; aclarando que en términos de educación la represión produce autocensura, lo que va a conformase en ideología, en valores morales y sociales.

La autora parte de una postura althuseriana, que entiende que el Estado y por lo tanto el poder, está constituido de diferentes aparatos unos «más buenos» y otros «más malos».

Los aparatos del estado, que conforman y sostienen al poder, cumplen una función sincronizada, no son buenos ni malos; aunque se deben establecer diferencias, en términos concretos, entre reprimir a un opositor político o tratar de convencerlo de las virtudes de su condición de sometido. Es decir el poder se expresa de distintas maneras según el tipo de gobierno que lo ejerce y el consenso social que lo sostiene..

En este texto hay una referencia a la transmisión ideológica a través de la cultura como forma de mantener las estructuras de poder; pero a la vez habría que agregar que es verdad, hay una consecuencia de las clases en el poder por transmitir una cultura que reproduzca sus intereses, pero existe simultáneamente una cultura «fuera de la luz», subalterna, que plantea conflictos y contradicciones, o al menos pone en tela de juicio los valores imperantes. Ambas se integran en el escenario social y coexisten como expresiones sectoriales, que conforman la cultura.

El proceso de aprendizaje como función del yo, es también tomado por Sara Paín en este texto; la autora habla de la adaptación del sujeto a la cultura, abordando un tema que trata Piaget en «Sicología y pedagogía». Su exposición avanza sobre las posturas piagetianas, si bien, basándose en las investigaciones realizadas por Piaget en cuanto a maduración; pero articulando en las tres dimensiones del proceso de aprendizaje, los factores fundamentales que propician el hecho educativo. Interrelacionar y contextuar el análisis es una tarea cognitiva. En las sociedades dependientes, opera una represión que responde a las necesidades de un poder subordinado a las metrópolis. Es «subordinado» en tanto representante, pero en muchos casos es socio en cuanto a política e ideología se refiere. En los procesos neoliberales, la dependencia se establece en todos los planos, de manera articulada.

Respecto a las características del aprendizaje, dice Paín, que reúne en un solo proceso a la educación y al pensamiento, ya que ambos se posibilitan mutuamente en el cumplimiento del principio de realidad.
Según Freud, la aceptación de la realidad se basa siempre en una resignación. «Lo que se oculta cuando se enseña y lo que se desprende, cuando se aprende».
Esto tiene que ver con un conjunto de factores de la relación educativa que analiza Postik en su libro, «La relación educativa», cuando desarrolla:
- Relaciones sociales en clase.
- Relaciones entre, clase - escuela - sociedad.
- Relaciones de los sujetos con el saber y la cultura.

La síntesis del autor, es un fenómeno donde se articulan, el sujeto que aprende, que pertenece a un grupo social específico, en un estado genético que cumple una continuidad biológica, lo que no contradice, sino que sistematiza el pensamiento de Sara Pain.
Es innegable que Sara Paín avanza desde las concepciones piagetianas, redimensionando el panorama en todas sus implicancias; y me refiero aquí esencialmente a su ubicación en una realidad concreta. Sara Paín no se sitúa en una sociedad cualquiera, en un lugar genérico. Contextúa su trabajo en un marco de desigualdades, de instituciones determinadas por un poder hegemónico, aunque esto no está detallado en su obra, en lo que hace a un país y una época precisos; pero su marco referencial son los países latinoamericanos y su fuente de experiencia es la Argentina, en sus últimos años de desintegración social, 1976 a 1983, aproximadamente.
Piaget en cambio tiene siempre un referente experimental, desde un marco de social democracia europea, donde la preocupación gravita mucho más en el plano teórico, en el cual es indudable que aporta científicamente como uno de los grandes pensadores del siglo. Pero al cual debemos adecuar a nuestras necesidades, buscar métodos de implementación y tomar con la relatividad que las diferencias contextuales ameritan.

Dice Piaget «Educar es adaptar al niño al medio social adulto». Esta aseveracion hace referencia al acomodamiento no al sometimiento. Pero en realidades como la actual, de nuestros paises dependientes, esto puede significar adaptarlo a una sociedad desigual, excluyente, el problema esque sería adaptar al niño para que sirva a los interese de las clases dominantes o prepararlo para chocar frontalmente con la realidad que lo contiene. Se puede hacer referencia en este punto al planteo de reproduccion cultural y violencia simbólica que plantea Bordieu.

En nuestras sociedades dependientes, de democracias aparentes o de dictaduras; hay pocas alternativas: o la adaptación y el sometimiento o la crítica y la rebeldía. Con todo lo que esto implica: ¿adaptar a qué o rebelarse para qué? Esta es una discusión que no ocupa un lugar en lo académico, en este momento, pero esta presente. Tambien existen corrientes políticas, con propósitos descontextuados cuyas respuestas no resuelven las problemáticas concretas que estamos planteando, sino que propagandizan generalidades, hacen discursos vacios.

De alguna manera, un antecedente, se ve en las corrientes de la «escuela nueva» o de la «didáctica crítica», que si bien desarrollaron prácticas cuestionadoras, y aportaron un caudal muy rico a la pedagogía, no lograron construir pautas geberalizables para mediatizar verdaderas transformaciones. Generalmente estos discursos fueron muy convincentes, pero cuando se llevaron a la práctica generaron sujetos que difícilmente pudieron insertarse en la realidad. En muchos casos han sido experiencias positivas, aunque sectoriales. En otros casos prácticas desarticuladas incapaces de afrontar el medio social tal y como se presenta. Esto no invalida la vigencia histórica de estas experiencias ya que las mismas innovaron la pedagogía con la idea de creatividad, libertad, solidaridad y valoración del yo, esta es una manera de situar estas propuestas que han sido muy estudiadas como la de Deway, Decroly, Almendros, Freinet, Montessori, o el seguimiento a los alumnos de Sommergill.

Es posible que, una alternativa sea fundamentar el aprendizaje en el interés, del que tanto la Escuela Nueva como Piaget hablaban, entendiendo al mismo como una perspectiva de construcción social, de trabajo productivo y creativo, teniendo en consideración en que marco social estamos insertos. Piaget señala como importantes dos términos en la relación que constituye la educación que son:

a) El individuo en crecimiento, según sus etapas de maduración.

b) Los valores sociales, morales e intelectuales, en los que el educador va a iniciarle.

Agrega a esto que los «métodos nuevos» tienen en cuenta, la naturaleza propia del niño y acuden a las leyes de la constitución psicológica del individuo y a las leyes de su desarrollo.

Hay aquí dos problemas centrales del proceso de aprendizaje; uno es la adaptación del educando y otro es el rol del docente.

Sobre el primero Piaget aclara, que la adaptación es un equilibrio cuya conquista dura toda la infancia, y define la estructuración propia de este período, entre dos mecanismos indisolubles; la asimilación propia de este período, colocando al maestro como un orientador, como un elemento dinámico del conflicto, descartando la concepción anárquica de la autogestión en los grupos de aprendizaje. Aquí lo fundamental gravita en la interrelación maestro- alumno con el saber.

Claparéde dice «no que los niños hagan lo que quieran, sino que quieran lo que hagan».Y aquí encontramos uno de los puntos de armonía, para el proceso de aprendizaje.

Freud dice... «La salud tiene que ver con la capacidad de amar y trabajar». El trabajo creativo, desarrollado con una orientación, pero basado en la libertad expresiva permite al alumno satisfacerse, ampliar su capacidad de comunicación, desarrollar su potencialidad crítica; caminos por donde quizás sea posible acceder a un cambio dentro de la educación y por lo tanto de la cultura. La relación educación, salud y creatividad esta señalada en este párrafo y nos interesa establecer que se considera relevante para el aprendizaje hoy.

Sara Paín conjunta en su análisis, lo social, lo biológico y lo psicológico como componentes articulados del proceso educativo, conformando una reflexión cuya propuesta se adapta a las condiciones de la educación en Latinoamérica, por esta razón rescatamos de su texto los aspectos esenciales del análisis de lo educativo y lo cultural, porque construyen un marco conceptual para nuestra época y nuestro lugar.

5 PSICOANALISIS Y ACTO CREADOR

Los estudios realizados por Freud y el psicoanálisis aportan en gran medida, para comprender las características del acto creador del individuo y sus comportamientos internos y externos.

En el libro "Mentes creativas" de Howard Gardner, el autor destaca el valor de los aportes de Freud sobre el tema de creatividad, diciendo; "Pese a las críticas recibidas, la obra de Freud continúa influyendo, con toda justicia, en el estudio de la creatividad, incluyendo la presente investigación. Como otras figuras revolucionarias, Freud ayudó a formular los términos en los que posteriormente han sido descritas la personalidad y la motivación de los individuos creativos"

Freud sostiene en «Lecciones de introducción al Psicoanálisis» que "el artista como consecuencia de sus necesidades instintivas, no se acomoda con la realidad concreta y encuentra en la fantasía una compensación a la satisfacción de sus deseos. La capacidad de sublimación (mecanismo de defensa) permite al artista transformar sus pretensiones irreales en fines alcanzables".

La sublimación de esta manera permite al individuo canalizar su fantasía y transformarla en acciones u objetos, que se exteriorizan, se convierten en logros y fines que satisfacen al individuo. Esta forma de convertir lo inalcanzable, es una de las ideas que jerarquiza el rol de la creatividad, ya que el hombre cuando alcanza el desarrollo de su potencial creativo, escapa al castigo y a la enfermedad. Esto potencia la capacidad de desarrollo creativo como reaseguro de salud mental, lo que en la actualidad, donde se han multiplicado la competitividad y el individualismo en forma deshumanizada, adquiere una renovada vigencia. La creatividad desde esta óptica puede ser considerada como un elemento necesario para contribuir a mejorar la calidad de vida de la población ya que viabiliza la expresión y la comunicación satisfactorias.

Dentro de la concepción psicoanalítica, si la satisfacción de necesidades es solamente imaginaria, el artista se aísla de la sociedad dando paso a un cuadro neurótico. Pero Freud dice que el artista convierte la ilusión, en vehículo de socialización a través de la obra, es decir del producto de su creatividad; gestando un mundo de realizaciones que no es solo individual, sino que comparte socialmente, ya que en él, otros hombres también encuentran satisfacción. El artista es un hombre que logra expresar sus fantasías de manera que otros gocen con ellas.
El impulso creador y la libido, como el concepto de la sublimación, son la contribución de Freud, al complejo campo de la creación.
La sublimación es la desviación de un instinto de su objetivo real, no se admite socialmente y por lo tanto es reprimido, en el caso del artista la satisfacción sería indirecta, pero realizada.

El arte entonces sería una forma transformada de la libido o de otras manifestaciones instintivas, que logra una satisfacción en la sublimación. La sublimación es un factor en el proceso creador, pero no es el acto creador mismo, ya que en éste intervienen otros factores individuales y sociales.
El sentido de la sublimación consiste en que es capaz de despojar al instinto de su parte social negativa (represiva) y le posibilita producir placer. Realizar un producto representativo, objetivado de esa sublimación.
La sublimación tiene rasgos comunes a los de la neurosis; ya que representa un compromiso que no implica la eliminación del principio del placer, sino que se diferencia de la neurosis en que ésta representa, una derrota del «yo» en su lucha con el «ello», en cambio la sublimación es el triunfo del «yo» unido al «ello» sobre el «super yo» porque esto llevaría a la represión, según el desarrollo que Freud hace sobre este aspecto.
El instinto puede desviarse de su objetivo, ya sea por una reacción o por una sublimación. La reacción supone represión, en cambio la sublimación, la excluye. Entonces lo que no es reprimido, puede ser sublimado, en cambio lo que es reprimido, se simboliza. Puede constituirse en enfermedad.

Simbolización y sublimación son formas de encubrir instintos, no aceptables por el «yo» y que buscan una satisfacción indirecta.

En este sentido el sueño, el juego y la producción creativa son en gran medida simbólicos.

Ya sea en el uso de un color, de una imagen, u otro rasgo distintivo en una obra, el símbolo cobra valor objetivo y de alguna manera trasciende el inconsciente, aunque en general significa diferentes cosas para cada individuo.

Los símbolos pueden surgir inconscientemente del productor, pero no son creaciones del inconsciente. Son construcciones historizadas, cargadas de significación.

El símbolo, en el plano de la producción artística, siempre tiene algo de misterio, de magia, pero a la vez suele convertirse en mensaje, en lenguaje distintivo de un autor o de un mismo movimiento o corriente artística.

En el caso de la producción creativa, el símbolo, es generalmente inconsciente hasta que puede objetivarse y en muchos casos representar conflictos o conformar un mensaje que admitan un amplio espectro de significaciones.

Es interesante, como ejemplo de simbolización, ver como en situaciones opresivas como la de Argentina entre los años 75 y 83 casi toda la producción creativa estuvo sobrecargada de sustituciones simbólicas, ya que la represión militar limitaba la expresión en términos explícitos. Así para hablar de libertad, los poetas crearon símbolos; "caballos galopando" o «pájaros volando». Para hablar de revolución nombraron «futuros amaneceres». Esto requiere un análisis específico donde el símbolo cobra una calidad consciente y codificable, pero debe diferenciarse de la metáfora, que es un recurso de sustitución.

El psicoanálisis también aporta elementos para la comprensión del fenómeno artístico en lo que hace motivaciones, actividades oníricas, simbolismo y sus fuentes internas; permite desentrañar aspectos internos del hacedor, de la obra, y de la época.

En un recorrido por la historia del arte podemos observar, que se expresan en las obras, instintos inconscientes, impulsos libidinosos, incestos, fijaciones, complejos edípicos y demás rasgos, sean patológicos o sanos. Pero esto es solo una parte de la problemática, la que nos muestra al individuo y su relación con el mensaje, la otra parte del análisis tiene que ver con el contexto y la época, que siempre está ligada a la realidad social. Es decir ante el Hamlet de Shakespeare no podemos interpretar solamente el complejo de Edipo, por muy importante que sea en la obra, sino realizar un análisis más amplio donde juegan muchos otros elementos, sociales, políticos y estéticos, que completan el panorama.

La obra expresiva trasciende la intención del autor cuando cobra valor social y es interpretada por el público. Freud dice que el arte es un gran consolador y un gran calmante, no es la fuente de todo lo que sucede, pero es siempre una conexión con la vida y representa una compensación muy valiosa a las insuficiencias de la existencia. Es decir está vinculado a la salud mental de los sujetos y a la manifestación identificatoria de las comunidades.

Una de las premisas del arte, es su alto grado de universalidad, es decir, tener validez en diferentes lugares y momentos, sea desde las cuestiones generales o desde los hechos singulares. Esto hace que aquello que transmite sea colectivizado, haciendo más soportable nuestra propia existencia, cuando nos identificamos con la obra. Es una voz que nos habla en un idioma humano, generalizable. Que puede lograr una cercanía asombrosa, que mueve los sentimientos y las ideas de los hombres, que remite a lo individual y lo social sin necesidad de una información erudita previa. Logrando una participación activa, a la vez que permitiendo la identificación y la recreación del receptor.

El concepto psicoanalítico del arte como medio de sublimación, simbolización y compensación, marca la naturaleza dinámica de la vivencia artística y la articulación con la salud mental de los indivisuos. En términos pedagógicos estos conceptos incorporan la importancia de la subjetividad tan desestimada por la tecnología educativa y sus propuestas de objetivación.

El «yo» para Freud, tiene un carácter dinámico donde la personalidad está en permanente contradicción y movimiento. El «yo» está en lucha consigo mismo impulsado, interna y externamente, por fuerzas contradictorias, buscando satisfacer sus necesidades, pugnando por la conservación. Las actividades y acciones anímicas se originan en conflictos, de esta manera el cambio es constante.

Los procesos anímicos adquieren generalmente forma de conversiones, compensaciones y funciones substitutivas. La flexibilidad y convertibilidad de las incitaciones instintivas, conforman el hecho principal de la dinámica anímica.

Los procesos anímicos tienen lugar bajo formas derivadas o distorsionadas; las actitudes singulares adoptan la forma de reacciones, acciones sintomáticas, símbolos o compensaciones ; el efecto último de esta movilidad es una existencia anímica movida por mistificaciones, o sentimientos persecutorios, que conducen a nuevas desviaciones o negaciones. Como ejemplo podemos decir que en muchos casos los efectos demostrados, ocultan otros sentimientos.

Es decir, existe una dialéctica de los movimientos instintivos y las inhibiciones, de apetitos y reglas morales, que imponen al hombre mostrar un comportamiento, que en realidad, está ocultando sentimientos contrarios. Satisfacer los deseos no es siempre factible en la vida social del hombre en cualquier época o lugar. Cada cultura tiene sus mitos y tabúes, que operan como elementos inhibitorios. Esto se exterioriza de diversas maneras en la creación artística. El psicoanálisis abre amplias posibilidades de estudio en este campo, permitiéndonos profundizar sobre las funciones internas del trabajo creativo. Es decir conocer más al hombre y comprender lo que expresa.

Freud dice en una de sus últimas reflexiones «La fuerza creadora del artista no sigue siempre, desgraciadamente, a su voluntad, la obra sale como puede y se enfrenta a menudo con su autor como algo independiente e incluso como algo extraño».

Esto significa que Freud reconoce que además del punto de vista psicológico, por medio del cual, la creación artística puede analizarse teniendo en cuenta el mundo interno del hombre que lo produce, existen otros elementos sociales de la dinámica externa que signarían el fenómeno artístico, incluso por encima de la voluntad del autor.

Gardner, dice respecto a esta idea de Freud, "Para empezar, la importancia decisiva de los procesos inconscientes recala algo importante: que la actividad creativa no es reflejo inmediato de una intención deliberada; gran parte de su impulso y significado queda oculto al creador y, muy posiblemente, también a los miembros de su comunidad"

Freud sostiene, que los movimientos instintivos del artista son más intensos que los de los otros hombres. Esta es la razón por la cuál unos hombres desarrollan esta actividad como centro de su vida y otros no lo hacen. El artista es alguien que no acepta renunciar a la satisfacción de sus deseos y necesita una compensación más urgente que otros individuos. Requiere de mayor afectividad, una necesidad más acentuada de decir, de expresar a los demás lo que siente y lo que piensa. Por esta razón se produce la sublimación. No podemos negar que un artista al menos hasta nuestros días, es alguien particular, diferente a los demás, cuya existencia no está centrada en la dinámica colectiva cotidiana, ni en el precio de mercado de su obra, sino que asigna importancia a otros valores, o al menos centra su interés en su producción creativa. Necesita transmitir, comunicar, expresar. El acto creador lo satisface de diversas maneras. Incluso no buscando dar a conocer su producción, tiene intención de comunicarse. Exterioriza a través de alguna forma o acto su mundo interior.

La creatividad no es exclusiva del artista y vamos a retomar algunos de los elementos del psicoanálisis en el estudio de la creatividad como suceso cotidiano, donde el análisis sobre el artista aporta conceptualmente, desde el punto de vista de la creación, para conocer el ejercicio expresivo. Pero el objetivo es insistir en el valor de la creatividad como termino

mas generalizable, y en su implementación en el campo educativo.
La acción creativa es una practica que contribuye a preservar la salud mental del individuo, independientemente de que se traduzca en una obra de arte pública, expuesta y consagrada o que sea un medio de expresión privado y permanezca como practica individual anónima.
En el campo pedagógico estos conceptos están incluidos en lo que hace al tratamiento de la creatividad para el desarrollo integral del individuo.

CHATELET

GRANDE SAISON DE PARIS

BALLET RUSSE

6 EDUCACION JUEGO Y CREATIVIDAD

En el campo de la educación tomamos en particular la importancia del juego y la creatividad en la infancia, como formas del desarrollo, para comprender el problema del conocimiento, y poder aplicarlo a los procesos de aprendizaje.

Mucho se ha teorizado sobre la importancia de la creatividad en la educación y en el aprendizaje a partir del juego, pero en la experiencia cotidiana esto es casi un mito o una utopía, que ocupa un lugar de pura verbalización en las escuelas y en la familia.

Tal vez una de las razones principales es que la creatividad, el juego y la expresión artística, han sido implementadas como una bonita forma de entretener a los niños o rellenar los contenidos de enseñanza, pero nunca como constitutivas del desarrollo infantil. Esto significa que el niño cuando dibuja, baila o canta, no solo disfruta y se divierte, sino que a la vez conceptualiza, conoce, produce, crece, socializa. Aprende. Es decir que la creatividad y el juego son formas de conocer. De conceptualizar y aprender. Este enfoque conduce a un soporte educativo totalmente diferente a la tradicional, y los planteados por la tecnología educativa, con base en el conductismo, porque reconsidera la teoría y la metodología del pensamiento pedagógico y por lo tanto de la didáctica. No se toman aquí las practicas cuantitativas, el pensamiento lateral o las teorías de la recompensa o el reforzamiento positivo, por considerarlas superadas. Estos estudios, de alguna manera, han contribuido al campo de la educación, sobre todo en lo que hace a planificación; pero respecto a creatividad, sus conclusiones no rebasaron el biologismo.

Dice Milhaly Csikszentmihalyi, en el libro: Creatividad; "El pensamiento convergente es medido por los test de CI, y entraña resolver problemas racionales bien definidos que tienen una sola respuesta correcta. El pensamiento divergente, lleva a una solución no convenida. Supone fluidez, o capacidad para generar una gran cantidad de ideas, y originalidad a la hora de escoger asociaciones inusitadas de ideas. Estas son las dimensiones del pensamiento que miden la mayoría de los test de creatividad y que la mayoría de los talleres de trabajo intentan potenciar" "El pensamiento divergente no es de gran utilidad, sin la capacidad de distinguir entre una idea buena y otra mala, y esta selección exige el pensamiento convergente" "Probablemente es verdad que, en un sistema capaz de conducir a la creatividad, una persona cuyo pensamiento sea fluido, flexible y original, tiene mas probabilidades de ofrecer ideas novedosas. Sin embargo, sigue existiendo la sospecha persistente de que en los niveles mas elevados del logro creativo, la generación de novedad no es la cuestión principal."

Los estudios de Piaget en este sentido, desarrollan la investigación sobre las distintas etapas de maduración infantil, demostrando cómo conoce el individuo y cuales son las formas de construir el pensamiento. Sobre esa base es posible elaborar implementaciones, en cualquier especialidad. Repensar el proceso de conocer desde otro lugar y aplicarlo a cualquier nivel del aprendizaje. Simultáneamente el análisis de la creatividad, cobra sentido ya que se demuestra experimentalmente, que es un componente constitutivo de la inteligencia, aunque Piaget, no lo formula con estos términos, está vinculado a la inteligencia, al juego y al aprendizaje. Retomando algunos puntos del capítulo cuatro, vemos que Piaget señala dos términos en la relación que constituye la educación:

1.- El primero se refiere al individuo en crecimiento y sus etapas de maduración.

2.- El segundo a los valores sociales morales e intelectuales en los que el educador está encargado de iniciarle.

Uno de los problemas que aqueja a la educación es justamente no tomar en cuenta estos dos términos de la relación maestro-alumno en su interrelación viva, sino poner el acento en lo que el adulto transmite al niño, como simple transmisión de valores colectivos de generación a generación. Piaget critica a la educación tradicional, que considera al niño un hombre pequeño o incompleto al que hay que instruir, modelar, informar, para identificarlo lo más rápidamente posible con el adulto. Esta rigidez educativa, además de no tomar en cuenta el crecimiento natural, encierra una desvalorización de la etapa de la infancia, considerándola

un tiempo de preparación para la madurez, más que como un momento del desarrollo humano tan importante como la adolescencia, la adultez o la senectud, con sus características e intereses propios. El rol formativo del juego y la creatividad en la vida del hombre, y particularmente en la infancia, constituye un elemento decisivo para el futuro del individuo.
A partir de esta visión, los estudios de Piaget, son una base para analizar cómo conoce el individuo y el rol que ocupa la creatividad y en particular en la infancia, como parte de la formación integral.
Para introducirnos en los estudios de Piaget vamos a tener en cuenta cuatro aspectos que engloban el análisis:

1.- Significación de la infancia.
2.- Estructura del pensamiento del niño.
3.- Leyes de desarrollo.
4.- Mecanismos de la vida social del niño.

Para ver como se desarrolla el pensamiento en el niño, Piaget observa su comportamiento y sus juegos desde los primero días de vida; vamos a referirnos aquí al año y medio en adelante y dejamos el sensorio-motor, que aunque es fundamental, queremos tomar al niño cuando se amplía su marco social y comienza a desarrollar la función simbólica.
Terminando el período senso motor, hacia el año y medio o dos, aparece la función simbólica que es fundamental para la evolución de las conductas futuras. Esta función consiste en poder representar algo por medio de un significante diferenciado y que solo sirve para esa representación: esto es, el lenguaje, la imagen mental y el gesto simbólico.
El aprendizaje es un acto provocado, mientras que el desarrollo es natural, pero estos dos elementos están indisolublemente unidos. Entonces para entender el crecimiento físico e intelectual del niño debemos tener en cuenta:

- Maduración (referido al sistema nervioso central)
- Experiencia (interacción con el medio)
- Equilibración (entre factores)

Cada etapa tiene su estructura propia en la que se pueden observar conductas, como manifestaciones de esa estructura.

Si observamos las conductas del período senso-motor (0-18 meses) encontramos reflejos, actividad perceptual, como forma de inteligencia sensoriomotora y construcción de categorías de conocimiento en lo que hace a tiempo y espacio, objeto y causalidad.
No hay en este estadio representación. Es decir el niño no puede pensar en un objeto que no esta frente a él. Hay imitación pero en presencia del objeto. Es decir pensamiento concreto.
En el período pre-operatorio, entre 2 y 6 años, hay pensamiento preconceptual o intuitivo. Aquí la inteligencia es representativa y el niño puede reemplazar, en su pensamiento, a un objeto por una representación simbólica. En esta etapa hace inferencias elementales; da una primera forma de organización al espacio; comienza a establecer las condiciones de una clasificación lógica, establece ciertas relaciones causales, aunque aún confunde las relaciones temporales con las relaciones espaciales.
Este es un momento de cambio cualitativo que le permite operar con el pensamiento, reemplazar las acciones reales por acciones virtuales. Esto da paso a la función simbólica, o sea a la representación mental del objeto. El lenguaje, el dibujo, el juego simbólico, son fundamentales en esta etapa.
Se denomina simbólica a la función generadora de la representación; para los lingüistas es importante diferenciar signo de símbolo, ya que el signo es una representación convencional, mientras que el símbolo es un concepto. Un concepto historizado y cargado de significación.
Hablaremos entonces de función semiótica, para designar los funcionamientos referentes al conjunto de los significantes diferenciados.
Los mecanismos sensomotores ignoran la representación, es recién a partir del segundo año de vida, que el niño evoca el objeto ausente. Cuando se constituye, entre los nueve y doce meses el objeto permanente, que aparece como la búsqueda del objeto desaparecido; éste objeto acaba de ser percibido, es decir no hay aún significación, ni representación mental. Toda la asimilación sensomotora, incluso la perceptiva, consiste en conferir significaciones, pero de tipo perceptivo, indiferenciado en su significación. Por eso no podemos hablar de función semiótica, un significante indiferenciado no es ni

un símbolo, ni un signo, es solo un indicio y como tal, no tiene significado; es solo una parte de algo, que no abarca el todo.

En el segundo año de vida, aparecen algunas conductas que implican una evocación representativa de un objeto ausente, que supone la construcción de un significante diferenciado. El niño va construyendo la representación mental de un objeto y lo va expresando en el juego y otras actividades, como la gráfica.

Esto aparentemente es muy teórico, pero es imprescindible considerarlo para entender de qué manera conoce el ser humano. Piaget lo comprueba con un registro detallado del comportamiento del niño que sirve para sacar conclusiones de cómo va conociendo y como hay que relacionarse con él en cada momento. En cierta época el niño hace garabatos y eso tiene un sentido de control motor, una forma de experimentar con materiales, de representar en el plano o el papel su imagen mental y desarrollar su pensamiento; de qué sirve que la mamá le lleve la mano para dibujar el gato que ella tiene conceptualizado, si el niño está elaborando otros conceptos, otras ideas en ese juego, y en el gesto motor, en el manejo de la mano, del papel y del lápiz. Perjudicar esta evolución natural no es lo más indicado, podemos motivarlo con juegos y materiales para ejercitar este proceso, pero no intervenir en su modificación y mucho menos intentar conducirla, para saltar etapas.

Imitación diferenciada: Se inicia en ausencia del modelo:

El niño puede imitar lo que recuerda, horas o días después de haber visto el modelo; esto marca el comienzo de la representación, es un gesto de imitación de significante diferenciado.

Juego simbólico: No existe en el nivel senso-motor.

Es una representación de hechos anteriores. El significante diferenciado es un gesto imitador que suele ser acompañado de objetos que se han hecho simbólicos para el niño.

El dibujo: En sus inicios, el dibujo o la imagen gráfica, son un intermediario entre el juego y la imagen mental.

El niño, entre el año y medio o dos, empieza con los garabatos, que son en su comienzo un desordenado juego motriz de representación. La imagen mental es una imitación de algo que ha interiorizado. Relacionamos a la imagen mental con el pensamiento y la representación. El pensamiento surge con la capacidad del niño de representar.

Evocación verbal: Es la evocación de acontecimientos pasados.

Existe representación verbal cuando el niño dice «muuu» y piensa en el animal. La representación se apoya en el significante diferenciado constituido por los signos de la lengua en vías de aprendizaje.

Conceptos principales:

El papel de la imitación: La imitación es el paso entre la representación y el pensamiento propiamente dicho. Es la primera manifestación de la función semiótica. Es una prefiguración de la representación. Al terminar el período senso-motor el niño ha adquirido la capacidad de imitación y pasa a representar. Podemos marcar, entonces tres momentos:

1) Copia perceptiva directa (senso-motor)

2) Significante diferenciado.

3) Representación del pensamiento.

Con el juego simbólico y el dibujo, esta evolución se cumple en forma armónica, siendo primero un acto desligado del contexto y luego un símbolo generalizable.

Con la imagen mental, la imitación no es sólo diferida, sino también interiorizada y la representación se independiza del acto exterior. Comienzan aquí los bosquejos internos que luego van a transformarse en pensamiento o en dibujo figurativo.

La adquisición del lenguaje, a la que se accede por medio de la imitación, cubre el conjunto del proceso, ampliando sus posibilidades de comunicación.

El juego simbólico es esencial en el crecimiento del niño. Es el apogeo, el momento culminante de su vida afectiva. Es asimilación de lo

real al yo sin limitaciones. Transforma lo real, por asimilación a las necesidades del yo.
La imitación, en cambio, es acomodación a los modelos exteriores.
La inteligencia, es equilibrio entre la asimilación y la acomodación.
Tenemos por lo tanto que el instrumento esencial de adaptación es el lenguaje, que es imitación. El juego, en cambio, es expresión propia, es creación. Un sistema de significantes construido por el niño, adaptado a sus deseos, a sus apetencias, a sus intereses y preocupaciones por conocer y experimentar.
Este sistema de símbolos, propios del juego simbólico, es creativo y como tal satisfactorio.
El juego simbólico, centrado en el yo, alimenta diversos intereses conscientes del sujeto, como también conflictos inconscientes. (intereses sexuales, defensas contra la angustia, fobias, agresividad, etc.)
El simbolismo del juego se une al del sueño; los límites son vagos entre lo consciente y lo inconsciente, son además testimonio del juego simbólico. El simbolismo del sueño es análogo al del juego, porque quien duerme pierde la utilización razonada del lenguaje, el sentido de lo real y los instrumentos deductivos de la inteligencia. Se halla así en la situación de asimilación simbólica que el niño busca y necesita para crecer.
La expresión gráfica: El dibujo es una forma de la función semiótica que está entre el juego simbólico y la imagen mental, como imitación de lo real. El dibujo es una forma de juego, al menos hasta los diez años, donde se presentan ya preocupaciones estéticas formales.
En sus formas iniciales, el dibujo no asimila cualquier cosa, sino que permanece como imagen mental muy próxima a la acomodación imitadora. Constituye una preparación que es resultado de ésta. Entre la imagen gráfica y la imagen interior, existen innumerables interacciones, ya que las dos se derivan directamente de la imitación.
Luquet, cuyos estudios fueron retomados por Piaget, demostró que el dibujo del niño hasta los 8-9 años es de intención realista, dibuja lo que sabe de las cosas, los personajes o los objetos. Esta observación es importante porque la imagen mental, que también es conceptualización, se

expresa así gráficamente, antes de ser copia perceptiva.
El realismo del dibujo infantil, según Luquet, pasa por diferentes fases:

- Realismo fortuito: garabatos.
- Realismo frustrado: incapacidad sintética en que los elementos de la copia están yuxtapuestos en lugar de coordinarse en un todo.
- El monigote: a) monigote renacuajo. (cabeza y líneas).
  b) monigote completo (cabeza, tronco y extremidades).
- Realismo intelectual: Atributos conceptuales sin preocupación de apariencia visual. (dibuja lo que sabe de las cosas.)
- Realismo visual: Dibuja la apariencia de las cosas (lo que se ve y lo que se puede representar).

Comienza la preocupación por la perspectiva, el volumen, el espacio aparente, la profundidad, la yuxtaposición, la semejanza.
Estos estudios permiten observar la evolución de la imagen mental que obedece a leyes de conceptualización, más que de percepción. Es decir lo fundamental es el ejercicio de la inteligencia y no los sentidos, aunque estos son parte del proceso de conocer. Aquí también se puede ver la evolución de la geometría espontánea, donde las primeras intuiciones del niño son topológicas antes de ser proyectivas o de conformarse a la métrica euclidiana (Topología: relaciones proporcionales del sentido común (intuitivo), lejanía y cercanía. Métrica euclidiana: la medida de normas históricamente definidas).
En la etapa del realismo intelectual, el dibujo infantil ignora la perspectiva y las relaciones métricas, pero tiene en cuenta las relaciones topológicas, que proceden de intuiciones proyectivas (7-8 años), aquí va apareciendo la métrica euclidiana, lo que da paso al realismo visual. En este momento de transición se constituye la recta proyectiva (con centro homotético en la vista), y así también la perspectiva elemental. El niño anticipa por medio del dibujo la forma de un objeto que se le presenta, pero que es dibujado como visto por un observador situado a la derecha o enfrente de él.
Entre los 8 a10 años, puede dibujar situando correctamente el punto de vista desde el cual ve el objeto. A partir de entonces adquiere conceptos

de perspectiva. Alcanza el pensamiento abstracto. Es el momento en que puede representar ideas que trascienden lo concreto.

El juego y la creatividad como acción de conocer.

La importancia del juego y la creatividad no son para el niño un mero pasatiempo, sino parte constitutiva de su evolución, porque con esta practica conoce. Por lo tanto en el plano educativo deben ocupar el lugar correspondiente. La actividad lúdica posibilita un aprendizaje adecuado; dice al respecto, Sara Paín:

...» se constituyen por su intermedio los códigos simbólicos y signálicos y se procesan los paradigmas del conocimiento preconceptual al posibilitarse, mediante la fantasía y el tratamiento de cada objeto, a través de sus múltiples circunstancias posibles. El niño mediante el juego combina propiedades en una alquimia peculiar donde se prueba lo imposible. Pone en marcha una serie de posibilidades de las cuales se conservan las más equilibradas, aquellas donde la regulación establece un nivel significante de coherencia».

Este desarrollo nos permite asegurar que el juego y la creatividad en todas sus formas, no pueden estar ausentes en la vida educativa. En el caso de la educación artística en particular, debe impartirse como parte del juego y adecuarse a las etapas de maduración, propiciando el desarrollo creativo. En lo que hace a la escuela en general, el aprendizaje debe responder a los intereses de cada momento, de la vida. Esto significa:

1) Comprender la problemática de cada etapa y adaptar la enseñanza a lo que el niño necesita en el plano afectivo, cognoscitivo y social.

2) Conocer e investigar sobre las estructuras de pensamiento del niño para ofrecerle un marco adecuado a sus intereses.

3) Concebir la creatividad infantil como forma de evolución, sociabilidad y placer.

4) Desechar el aprendizaje y la información basados en la preocupación adulta, que son ajenos a la problemática infantil.

5) Adecuar el manejo de técnicas y materiales a las etapas de maduración.

6) Propiciar la creatividad basada en la libertad y el trabajo productivo que satisfaga.
7) Aprovechar su producción creativa en función de conocer su evolución normal, detectar sus problemas y si es necesario, apoyar su superación.
8) Conocer su problemática social y orientar su interacción.
9) Desarrollar un espíritu crítico.
10) Ampliar su lenguaje corporal, oral, gráfico, en función de su desarrollo integral, de su salud mental y de su formación futura.

Anna Freud, en su texto, «Normalidad y patología en la niñez», habla de la relación del juego y el trabajo, del placer del logro, que brinda al niño autoestima y gratificación. Dice que la capacidad lúdica se convierte en laboral cuando se adquieren capacidades complementarias como son: el control para emplear materiales, cristalizar planos que conducen a un logro final, encausar el placer hacia el principio de realidad.
Establece relaciones entre el juego y el trabajo, en las que se ubica como mediación a las actividades creativas (a las que llama hobbies). Dice que comparten las siguientes características:
a) Ser emprendidas con propósitos placenteros y con relativo desprecio por las presiones y necesidades externas.
b) Perseguir fines sublimados cercanos a la gratificación de impulsos eróticos o agresivos.
c) Perseguir esos fines con una combinación de energías instintivas no modificadas y en sus distintos estados de neutralización.
Este es un aspecto que es interesante profundizar; la articulación entre juego-creatividad y trabajo, ya que permite ubicar la importancia de éstos en la evolución infantil y desde allí fundamentar métodos para un aprendizaje de estas características, por el valor educativo de los mismos.
La preocupación tiene que ver, por un lado con la deficiencia en los planes de educación primaria de este tipo de disciplinas y por el otro, con lo que las corrientes tradicionalistas han producido en cuanto a arte se refiere, en perjuicio de la espontaneidad y la expresividad.

Sucede en las escuelas, algo así como si en una casa los padres impusieran a sus hijos horario para reír, permiso para llorar, explicación para jugar, inventar o soñar. Se imponen programas desvinculados del niño; se enseñan técnicas adultas ajenas a su desarrollo; se exigen resultados, respuestas o productos con fundamento en las expectativas del maestro; se desvirtúa la esencia de la infancia, considerando al juego, la creatividad y el trabajo, como indisciplinas. Subestimando al niño y acusándolo de sujeto imperfecto e incompleto.
En la labor docente, está la responsabilidad de profundizar sobre este tema a fin de arribar a conclusiones que apunten a la comprensión de una problemática difícil de practicar y a la vez peligrosa de mal-practicar, ya que interesa planos centrales del desarrollo intelectual y afectivo. Esta parte de la experiencia de la vida es muy importante para la formación posterior del individuo. La educación secundaria y superior, son el resultado de esos primeros años de desarrollo de aprendizajes, donde se completan las etapas de maduración. En general lo creativo se incentiva más en los primeros años de la escuela, que en los niveles posteriores.

7 CREATIVIDAD EN LA GRAFICA INFANTIL

El estudio de la evolución gráfica permite demostrar con documentos producidos por niños, la creatividad y la evolución madurativa expresada en la gráfica infantil. La ventaja del material gráfico es que está plasmado en el papel y deja pocas dudas respecto a la interpretación, si tomamos en cuenta la edad del niño, el marco social al que pertenece y el momento de desarrollo biológico y psicológico en el que se encuentra.

La grafica infantil es un material valioso para señalar la importancia de la creatividad en la vida afectiva, educativa y social. Es una manifestación de los intereses y curiosidades, fantasías y conocimientos del niño, como del estado sano o patológico de su evolución.

A través de un dibujo se puede conocer una parte importante del mundo interior del niño. En el campo de la educación , obtener datos del grado de conceptualización en que se encuentra. Por ejemplo, en el dibujo de la figura humana de un niño de seis años, no encontramos un relato completo, esto significa que el niño no ha terminado de conceptualizar su propio cuerpo con todas las partes que lo conforman. Esto se considera, independiente del análisis estético del dibujo, es decir lo armónico, de lo «feo» o de lo «agradable» como juicio subjetivo. Sabemos que un niño de seis años debe tener internalizada la figura del humana, por medio de su propio cuerpo, si el dibujo está incompleto, esto indica que el niño no ha alcanzado la comprensión de la figura humana, lo que a esa edad está indicándonos algún tipo de problema, o cierto grado de inmadurez.

Hay también otros indicios que encontramos en el dibujo infantil que nos hablan del medio social en que se desenvuelve el niño, nivel cultural, elementos de represión, agresividad, temores, que son válidos para conocerlo, para señalar rasgos de integración social y de salud mental o desarrollo normal.

En este caso, el interés es demostrar la importancia de la creatividad como forma a través de la cuál se expresa y satisface el niño para, destacar su importancia como parte de la educación para formar hombres críticos, creativos y sanos.

Se toma la gráfica infantil en particular, porque permite abordar los temas sobre documentos visibles y cubrir distintos ejemplos, pero esto no significa que se señale como destacada respecto a otras disciplinas artísticas, como la música, la danza, el teatro y la literatura, todas ellas son idóneas para ejemplificar lo que se refiere a creatividad.

El niño se expresa por medio de sonidos, palabras, movimientos corporales imágenes gráficas y todo como parte del juego, así manifiesta lo que piensa y lo que siente, su relación con el mundo y consigo mismo. Además no separa las matemáticas o las ciencias naturales, de las artes o del conjunto de vivencias en las que está inmerso, por tanto cualquier disciplina puede arrojar datos valiosos sobre el desarrollo y la problemática infantil. Se puede abordar la creatividad infantil desde cualquier otra especialidad con los mismos fines: conocer al niño y relacionarnos mejor con él.

En el camino de avanzar sobre un conocimiento cada vez más preciso de las manifestaciones psicológicas del hombre, y se toma en particular al niño, para atender todos aquellos elementos que nos permitan ampliar el campo de la investigación sobre creatividad. En el caso de la infancia en concreto, el dibujo y la pintura ofrecen interesantes referencias sobre la psiquis infantil que son difíciles de conocer por otros medios.

Partiendo de un análisis social y de una ubicación biológica, en cuanto a las etapas de maduración, podemos analizar la expresión infantil para comprender el mundo imaginativo y simbólico del niño, que en muchos casos él mismo desconoce o no puede manifestar de otra manera. Los lenguajes expresivos son parte del conocimiento, y de la vida del niño.

El dibujo puede reconstruir el desarrollo histórico-social del individuo, puede ser un indicador para el estudio de la evolución psíquica, evidenciando pautas para ver la inteligencia, el campo afectivo, la sociabilidad, la salud mental.

El niño se expresa por medio del dibujo en forma personal-social y reflejando la realidad en que vive; a su vez manifiesta el conocimiento de esta realidad y cómo la interpreta y se relaciona con ella. Estos elementos son de suma importancia para el psicólogo y el pedagogo en su labor con niños.

El niño se manifiesta gráficamente desde que puede sostener un lápiz en las manos y ejecuta con gran placer esta actividad. Deja trazos en la hoja que en un inicio son desordenados y tienen un sentido esencialmente motor.

En general los estudios realizados en este sentido han tendido fundamentalmente a fijar una correspondencia entre el nivel del desarrollo intelectual y su correlato gráfico.

A medida que el niño cambia su expresión creativa, se desarrolla consecuentemente. Las etapas recorren un camino de crecimiento paulatino desde los primeros trazos hasta los trabajos de la adolescencia. Hay un proceso continuo de evolución y no se puede ser rígido para establecer estos pasos. No todos los niños recorren el mismo trayecto. Aunque se puede determinar una evolución visible en niños normales, y a la vez detectar problemas según la edad, ya que estas etapas se suceden ordenadamente; una como continuación de la anterior y así sucesivamente.

La descripción y conocimiento de cada, una nos permite obtener una serie de datos respecto al niño, si los incorporamos a otros elementos que hacen a su personalidad.

La primera etapa del dibujo infantil es el garabato. Son trazos desordenados que se van organizando paulatinamente con el crecimiento. Esta etapa dura desde el año y medio o dos, hasta los cuatro años; sufriendo modificaciones en este lapso.

El primer garabato, es desordenado y tiene un sentido fundamentalmente de control motor. Son trazos de arriba hacia abajo y de derecha a izquierda en cualquier lugar de la hoja.

En el segundo momento del garabato, el trazo comienza a recorrer el movimiento circular.

El tercer garabato, mantiene el círculo y aparecen otros círculos pequeños más o menos irregulares.

Al cuarto momento, se le ha llamado el renacuajo, es el círculo con algunas líneas rectas que anuncian al monigote.

Alrededor de los cuatro años, se define el monigote, donde el niño comienza a intentar una reproducción de la realidad.
El estadio siguiente se conoce como la etapa preesquemática, es donde comienza a representar, se puede fijar alrededor de los cuatro años y dura hasta los siete. Aquí el niño dibuja un monigote un poco más preciso que representa a la figura humana, pero aparecen una serie de elementos más , objetos del ambiente que él conoce, los que se presentan en una lectura desordenada aunque conservan una relación de ideas propias de su edad. En cuanto a tamaño, varían y no guardan proporción unas con las otras.

Realismo intelectual: En esta fase el niño dibuja lo que sabe de las cosas.
Este estadio se conoce con la denominación de etapa esquemática que se inicia alrededor de los siete años y se prolonga hasta los nueve aproximadamente. Aquí el niño define la forma. Los dibujos simbolizan parte de su ambiente, descriptivamente.
En general repite una y machas veces el esquema de la figura humana. La disposición espacial es en línea recta, al pié del papel.
Como a los nueve años el niño alcanza una etapa de naciente realismo que se denomina realismo visual; es cuando comienza a dibujar lo que ve de las cosas, su apariencia. Esta fase dura hasta los once o doce años, aproximadamente. Abundan los detalles y comienzan a ajustarse, forma, tamaños, proporciones y temas sociales.
Entre los once y doce años se acentúa la preocupación por la perspectiva y la profundidad, como asimismo la coherencia temática. Se ha llamado a esta etapa seudo naturalista, etapa del razonamiento.
Estas etapas más que cronológicas, son de maduración y se van cumpliendo secuencialmente, dependiendo de las condiciones del medio en que crece el niño.
Un niño de cinco años tiene su propia visión del mundo, que es distinta a la del niño de nueve o doce años de edad. Posiblemente los primeros garabatos como las primeras representaciones de la figura humana sean el punto de vista egocéntrico hacia una gradual conciencia de sí mismo, como parte del medio que lo rodea.

Estas etapas se corresponden con las que estudió Piaget, en cuanto al desarrollo intelectual:
hasta 2 años = período sensoriomotor.
hasta 7 años = período preoperacional.
hasta 11 años = etapa de las operaciones concretas.
desde los 11 años = etapa de las operaciones formales.
Estas etapas se dan, independientemente del entorno social, en esta secuencia que hemos mencionado. Varían en cuanto a la incentivación y desarrollo del niño de acuerdo al medio social a que pertenece y al medio geográfico. Es decir, un niño del campo tiene como estímulo visual fundamentalmente la naturaleza y generalmente desarrolla un grado de observación de ella que plasma en el dibujo; un niño de la ciudad está mas ligado a los medios de comunicación, a la tecnología, etc, es decir, representa aquello que es su ambiente.
No se puede marcar con absoluta precisión donde comienza y termina cada etapa, sino en forma aproximada. Los niños adelantados en su desarrollo mental general lo están también respecto al dibujo y los que presentan algún tipo de atraso, también lo reflejan en las gráficas.

Las actividades artísticas no son destreza manual, como tradicionalmente se creía, sino el resultado de conceptos, asociaciones, aprehensión. La expresión gráfica es conceptualización, expresa ideas y conocimiento.
El desarrollo creativo del niño es un proceso de organización del pensamiento y por lo tanto de representación del medio que va conociendo. Podemos concluir que cuando hablamos de etapas del desarrollo creativo lo hacemos en función de analizar en concreto la producción gráfica infantil, pero sin salirnos de lo que son las etapas del esquema de desarrollo total.
La actividad artística debe ser desarrollo. El niño se expresa creativamente y por medio del juego en forma natural y sin embargo aún no se toma esto como parte de sus necesidades formativas sino que se sigue considerando como una actividad secundaria o aleatoria tanto desde el punto de vista médico, como psicológico, como educativo.

Análisis de la gráfica:
El estudio de una gráfica no es una mera descripción, es necesario comenzar por establecer el momento de maduración, ubicar socialmente al niño y luego analizar el correlato gráfico de su producción creativa. Esto nos va a permitir conocer las relaciones afectivas del niño, sus conflictos y su nivel de conocimiento.
Para realizar un análisis de la gráfica infantil vamos a partir de tener en cuenta tres aspectos fundamentales:
Trazo ———— Estructura ———— Contenido

El trazo:
Desde las primeras líneas el niño muestra un gesto gráfico que aún no controla, la repetición de este ejercicio le permite avanzar hacia un movimiento de flexión centrípeto, que paulatinamente va dominando. Comienza con trazados de líneas rectas o ligeramente curvas de derecha a izquierda y de arriba hacia abajo, lo que poco a poco se va redondeando hasta alcanzar el gesto curvo.
En estas etapas usa ambas manos. Cuando va alcanzando el círculo (dos años y medio) habla de su dibujo y dice lo que cree representar, porque ya comienza a buscarle un sentido realista a su producción. Es decir, tiene intención de representar algo, aunque está muy lejos todavía de hacer, pero está satisfecho con lo que logra. Está realizando un ejercicio de coordinación visomotora.
Alrededor de los tres años, el niño puede dibujar un círculo.
A los cuatro años puede dibujar un cuadrado, lo que requiere más destreza en cuanto a coordinación (cambios de dirección de líneas, interrupción de cuatro líneas y trazado de ángulos rectos).
El trazo revela muchos elementos en cualquier etapa del desarrollo infantil. Confiere carácter y estilo. Las líneas tenues, partidas, ondulantes, pueden indicar inseguridad, temor, angustia. Las líneas continuas, gruesas, amplias, muy marcadas, pueden ser indicio de agresividad, así como la tendencia a las líneas rectas cortadas y fuertes.
Hay una visión general del trazo de un dibujo que nos da la primera

aproximación y luego un análisis parcial de las partes, permite apreciar más detenidamente los elementos que lo conforman.

La estructura:
La estructura de un dibujo es la construcción general del mismo, su disposición en el espacio y los detalles y composición en cuanto a proporciones, equilibrio, dimensiones. La estructura es el soporte de composición del campo visual. Cuando se emplea una parte de la tela o la hoja, o se distribuye equilibradamente las formas, y la disposición espacial establece diferentes planos. Todo esto debe evaluarse de acuerdo a la madurez, ya que a medida que el niño crece sus estructuras gráficas son más complejas y completas. El estudio de la estructura en el dibujo infantil permite observar la construcción de la formación de los conceptos que el niño manifiesta, cuando representa un objeto. Es un índice del desarrollo del nivel intelectual, por lo tanto también permite tomar datos para incorporar a los que se utilizan para diagnosticar clínicamente diferentes patologías.

El contenido:
El contenido de un dibujo es el tema elegido y en este sentido hay preferencias según la procedencia socioeconómica y del medio geográfico, como entre sexos y edades. Esto puede estudiarse sobre dibujos de tema libre que nos indican los intereses del niño; y sobre temas propuestos o ilustración de cuentos, poesía, o diferentes vivencias.
El tema o contenido del dibujo infantil nos muestra las preocupaciones, curiosidades, incógnitas, miedos y relaciones con el mundo que él niño establece. Manifiesta sus características psicológicas y si existen, también sus problemas; como la orientación ideológica que recibe.
El trazo, la estructura y el contenido de un dibujo reflejan, los conocimientos, actitudes, conflictos y sentimientos del autor.

El dibujo de la figura humana
El renacuajo es la primera aproximación a la representación de la figura

humana cuya evolución pasa armónicamente al monigote (4-5 años), que se va desarrollando hasta diferenciar el cuerpo de la cabeza y las extremidades (6-7 años)

Aproximadamente a los 9 años el niño tiene una identificación corporal casi completa y entra en la etapa del realismo visual, ya representa la figura humana con ropaje y detalles que son significativos en cuanto a sexo, ocupación y ámbito de pertenencia.

Representación del espacio:

El espacio es un elemento de análisis que está dentro de la estructura del dibujo, pero que es importante pormenorizar ya que habla de la ubicación, el equilibrio afectivo y el grado de conocimiento del medio que el niño ha alcanzado. Se puede ejemplificar y secuenciar en forma esquemática a fin de aplicarlo luego al análisis de la gráfica.

En la etapa del garabato el niño hace una ubicación espacial que puede ser en el centro de la hoja o en distintos ángulos; son los relatos en desorden que llegan hasta los 5 años.

Desde los 5 a 7 años los relatos son en una línea, generalmente al pie de la hoja.

Entre los cinco y once años época del realismo intelectual, hay yuxtaposición de formas, son típicas las casas transparentes o el aparato digestivo en la figura humana. Es decir representa lo que sabe que existe bajo la apariencia externa del objeto.

Entre 10 y 12 años las formas se superponen, es decir, una se oculta tras otra en un anuncio de la profundidad y la perspectiva. Representa la apariencia de los objetos.

De los doce años en adelante el tratamiento espacial alcanza la abstracción con representaciones de perspectiva y tratamiento de profundidad. La preocupación es más técnica que estética, desde el punto de vista de la apreciación visual y de la fidelidad a la percepción de la realidad óptica.

El uso del color:

Otra característica del lenguaje a considerar, en lo que hace a significación, es el color, que está directamente ligado al plano afectivo y al desarrollo creativo.

La primer impresión general de un dibujo donde se emplean colores, es que los cálidos, rojo, amarillo, naranja, son alegres, y los fríos; azul, verde, morado, son tristes, melancólicos.

Los tonos cromáticos, los grises y el negro son recursos que pueden dar dramaticidad, indicar depresión. El uso del blanco es luz, decisión, contraste, alegría.

Las combinaciones de complementarios, rojo-verde, azul-naranja, amarillo-morado, suelen resultar fuertes, agresivas.

El tratamiento del color en el campo visual, está ligado a la sensibilidad del autor: tenues, contrastantes, agresivos, alegres, depresivos, armónicos, desequilibrados, etc. y a la búsqueda de significación.

El color es un recurso importante para la significación. Las composiciones oscuras, sombrías, reflejan depresión, ruptura con el ambiente. Las luminosas son festivas, alegres y equilibradas. El empleo de contrastantes puede ser conflicto, agresividad. Estas consideraciones marcan términos muy generales, de la significación, sin dejar de lado la relación directa del color con el sentido y el estado anímico.

Los aspectos mencionados en este capítulo son parte dela investigación "Creatividad y educación" desarrollada entre 1982-1992. donde la experiencia concreta realizadas en el trabajo con niños se implementaron didácticas especificas, que partieron de trabajar sobre los fundamentos teóricos expuestos en este texto. Las mismas arrojaron resultados alentadores en lo que hace a creatividad y conocimiento, como un camino que abre grandes posibilidades para continuar desarrollando la hipótesis del papel del potencial creativo, como generador de aprendizajes significativos

CGT
ARGENTINA
¡¡BASTA!!

8 AREAS PROYECTUALES Y CREATIVIDAD

Cuando nos referimos al campo de la Comunicación Visual , hablamos de un proceso donde el emisor es todo individuo, grupo o institución que elabora un mensaje visual con una intención determinada.

Este proceso ha sido objeto de estudio de una extensa variedad de autores que desde distintas disciplinas han teorizado los problemas del lenguaje, los códigos, los signos, los símbolos y sus relaciones. Estos trabajos constituyen el campo de la semiótica y de la semántica. En un proceso de comunicación el mensaje se elabora con un sentido que tiene una significación. La organización de un mensaje, la semántica, responde al código, expresado en soportes y en un determinado contexto, lo que hace a la construcción retórica. En ese espacio es donde se desemvuelve el análisis de la semiótica. El análisis semiótico se encarga del significado que adopta un contenido significante en relación con todos los elementos que entran en juego en el proceso de comunicación (el emisor, el receptor, las condiciones de producción y de reconocimiento del mensaje, el código, las reglas de combinaciones para la comprensión del mensaje y el universo de sus representaciones.)

El mensaje, como parte del proceso de comunicación, expresa la intencionalidad del emisor. Sobre él se ejerce en primera instancia, la lectura del receptor, la decodificación, la interpretación. Se denomina receptor, al individuo o grupo que interpreta un determinado mensaje desde su respectivo marco de referencia y mediante un conocimiento del código utilizado para establecer el vinculo o la interacción.

Se entiende por código, las reglas de elaboración y combinación de los elementos de un mensaje que va a ser recibido y comprendido. Esas reglas conforman un sistema que debe ser conocido tanto por el emisor como por el receptor. Es decir que el código es un sistema de leyes y convenciones desde las cuales se organiza y se expresa un discurso.

El referente es el tema del mensaje, aquello a lo cual el mensaje alude. El marco de referencia constituye el contexto inmediato que permite la interpretación del mensaje.
Existen numerosos marcos de referencias que inciden en la elaboración y en la interpretación de los mensajes vinculados a las diferentes culturas, como a distintas circunstancias en una misma cultura.
Los medios constituyen la manera en que se pone en circulación un mensaje. El soporte es el conjunto de los elementos materiales que sirven para difundirlo. Los medios tienen una influencia en la conformación de los mensajes, imprimen ciertos límites y posibilidades, que es necesario conocer, sobre todo en relación a las características de percepción de los destinatarios. Los cambios tecnológicos inciden en las formas de construcción y destribución de los mensajes, como en las de recepción.
Estas son los elementos básicos que fundamentan la conceptualización de la comunicación visual, desde una visión semiótica que constituye su objeto de estudio.
(Ver Referencia - Cap. IX Ficha bibliográfica)

Comunicación y creatividad
En su libro, Conducta, estructura y comunicación, Eliseo Verón dice: "Si se estudia la dimensión significante de un fenómeno social, sin perder de vista, como señala Levi-Strauuss, que se trata de una función secundaria como categoría, la comunicación aparece entonces indisolublemente unida a la praxis social"..."Es fundamental tener en cuenta que los sistemas de reglas que definen la comunicación social son inconscientes." "Marx y Freud se han esforzado por demostrar que la verdadrea significación inconsciente puede ser reconstruida a partir de la conducta, está implicita en la praxis social individual y colectiva, y reunidas ciertas condiciones, un observador pudede elaborar una reconstrucción de los sistemas latentes a partir del comportamiento y de los sistemas conscientes de representación." El estructuralismo en un inicio, y Verón en sus reflexiones posteriores sobre este tema, desarrollan otra tesis, abarcando en el fenómeno tanto al objeto como al obser-

vador o receptor, que encierran una teoría del accionar social que tiene consecuencias para la epitemología y la metodología de las ciencias sociales. De donde se infiere que los procesos comunicacionales son naturales y objetivables, como cualquier otro proceso del mundo real, ya que no hay en el sentido, o en el signo, propiedades misteriosas, o inaccesibles. Entendiendo que al conceptualizar un sistema de comunicación, se está configurando sobre la base de una realidad concreta, se trata a la realidad como una compleja configuración de mensajes. Verón sintetiza esta postura expresando que "Freud, orienta el analisis a mostrar las leyes que regulan los procesos psíquico, a trazar el mapa de la necesidad que gobierna el campo de las fantasías y los sueños a nivel individual , campo que por mucho tiempo se consideró sometido a la arbitrariedad del azar, es decir ajeno a la significación y sus reglas."

El reconocimiento de una forma conceptual y metodológica de ubicar un fenómeno como la comunicación, nos permite analizarla y a su vez sistematizar su transmisión.

Como hemos desarrollado en los capítulos anteriores respecto a la creatividad, al igual que la facultad de conocer, y de comunicarse, son categorías suceptibles de estudiar e implementar desde métodos apropiados. La creatividad como potencial del hombre, alcanza distintos niveles de desarrollo según el medio social y la época en que el individuo crece y se forma, en un medio determinado, es decir en un contexto.

La creación es exclusivamente humana y surge del saber, del conocimiento y la interrelación con el entorno que sustenta a la intención de comunicarse. A partir de esta visión se pueden considerar las diferentes opciones que el emisor tiene de transmitir un sentimiento, una idea, un significado. Estos contenidos se transforman en mensajes que pueden ser orales, escritos, corporales, auditivos, visuales, etc. De esta manera se establece el vínculo con los otros.

El componente creativo es constitutivo del mensaje mismo, radica en la intención, en la propuesta del emisor como generador. Para comunicar se deberá tener en cuenta un conjunto de variables como son:

- El contexto.
- El tipo de lenguaje y sus diversas modalidades de codificación.
- El contenido y la significación.
- Las condiciones de la recepción del mensaje.

En Comunicación Visual, la construcción del mensaje requiere de un grado de síntesis, que conjugue estos elementos que el emisor debe alcanzar para lograr su finalidad.
El elemento sustantivo para conseguir la consumación del hecho comunicacional es entonces, la calidad de la síntesis creativa. El sentido, la unidad y la pregnancia del mensaje, como su calidad estilística y estética, pueden señalarse como las condiciones que marcan la calidad de un producto comunicacional creativo.

La Construcción Conceptual

Cuando hablamos de construcción conceptual, nos referimos al conocimiento del tema y a su contextualización, a la reflexión, analisis y sintesis, en la complejidad que ésta requiere. Conceptualizar implica comprender un problema, ser capaz de traducirlo a un lenguaje y convertirlo en un mensaje. Aplicar los elementos conceptuales a la propuesta proyetual, en la construccion del mensaje. También se incorporan aquí los aspectos instrumentales referidos a los elementos específicos del lenguaje visual, insertos en los medios y sus características tecnológicas.
Lo creativo está constituido por la capacidad de lograr una síntesis superadora de los elementos conceptuales, instrumentales, y significantes en una propuesta comunicacional. En este espacio la dimensión estilístico-estética juega un rol fundamental en la captación e internalización del contenido del mensaje. La síntesis es la conjunción de todos estos elementos expresados de manera clara, poética, sugestiva e innovadora.

Práctica de la creatividad

La creatividad en Comunicación Visual, implica en el plano de la enseñanza, conducir la comprensión del alumno de manera teórica y reflexiva, orientada hacia el proyecto. Debemos tender a lograr que el análisis y la ejecución de un producto comunicacional, de un mensaje, sea parte de un mismo proceso y no acontecimientos separados. Una propuesta de comunicación es un conjunto de operaciones que el docente deberá señalar en forma ordenada y con etapas bien definidas, para ofrecer un método orientador:

- **La primera de estas etapas es la conceptualización del significado. (análisis semiótico)**
- **La segunda se refiere a la forma de detectar las condiciones de recepción del mensaje, teniendo en cuenta el marco cultural del receptor.**
- **La tercera es la selección de los elementos pertinentes del lenguaje visual y la semantización, para implementar el mensaje.**
- **La cuarta es instrumental, se trata de tener en cuenta todas las consideraciones que merecen las características tecnológicas de los medios de transmisión y circulación del mensaje.**

Sobre la base de este encuadre metodológico, que es una forma de implementar el proceso de comunicación, se buscan los referentes, el significado y el significabte, la connotación, la denotacion. Se establecen los códigos, los signos, la búsqueda del sentido. Surgen asi, las posibilidades de seleccionar las imágenes, las palabras, los textos, la articulación de los elementos formales y cromáticos, con sus tratamientos particulares. Cuando hablamos de tratamientos, queremos decir que cada elemento que compone un mensaje, admite una amplia gama de efectos visuales. Esto es válido para todas las modalidades en consideración: la forma, el color, la textura, la imagen, la tipografía, el género, el estilo, etc. Elementos que incluyen a su vez las más variadas posibilidades estéticas. La organización de estos elementos en una estructura compositiva que contempla el conjunto de operaciones, que confluyen en el proceso de síntesis, tienen un solo propósito: reforzar el significado y construir la significación del mensaje.

La síntesis creativa es la posibilidad de poner en juego un conjunto de conocimientos conceptualizados y de destrezas instrumentales, en función comunicacional.

La originalidad de una propuesta radica en su capacidad de imaginar lo diferente, lo diverso. Desechar la repetición, para conseguir decirlo de tal modo que sea expresivo y aquí radica la principal función del emisor: el vuelo de la imaginación, la capacidad expresiva, el repertorio instrumental, el logro comunicacional.

Esta idea de lo diferente y original no está vinculada a la moda, no es un capricho, ni una casualidad; esta sostenida por la necesidad de superar lo obvio, lo que carece de interés por reiterado. El mensaje simplista, irrelevante, es indudablemente un obstáculo para que la comunicación se establezca. Se busca y se genera el cambio, la diferencia, la profundidad del mensaje para trascender con la calidad de las ideas.

Atención, interés y comprensión son cualidades sustantivas en la comunicación visual. «La creatividad ha emprendido una larga batalla contra la trivialidad» dice Roland Barthes.

El receptor merece el esfuerzo del comunicador, para lograr la estética, legibilidad y seducción del mensaje. La creatividad es un tópico esencial y es una búsqueda consciente, es una construcción intencional, no es fruto de una aparición magica o casual.

Vigencia del debate

Un ejemplo interesante para ver una dimensión de las transformaciones producidas en los últimos años a nivel comunicacional, es la distancia que nos separa de estos autores, que no es cronológicamente muy significativa, pero que da cuanta de la velocidad de los cambios del pensamiento en comunicación y de las vinculación con el conocimiento científico y tecnológico; es esta polémica entre las ideas de Hauser y de Mc Luhan:

Dice Hauser, en Sociología del público: "Con su diferenciación demasiado rigurosa sobre la palabra hablada y la escrita Mc Luhan mitologiza y mistifica tanto el pasado como el futuro de la cultura. Su concepto de la "comunidad familiar" con la que a diferencia de la rutina de la lectura,

relaciona la magia de la palabra hablada y perceptible como medio de comunicación, se alza sobre un mito, lo mismo que tiene un carácter místicamente útopico su idea de los medios electrónicos los cuales deben producir automáticamente una comunidad nueva una participación nueva, general, en las creaciones de la cultura".
"Ahora el vinculo se ha roto con los logros de la tecnología electrónica. Estamos en poseción de instrumentos expresivos que hacen entrar en acción a medios múltiples de composición heterogénea , que constan de elemnetos auditivos y visuales, en vez de la forma unilateralmente visual de la tipografía."..."La ilusion de la aldea global es por completo un síntoma de la misma tendencia a la regresión que domina toda la crítica cultural de Mc Luhan".

Los lenguajes creativos y la calidad de vida

En las áreas proyectuales y de comunicación visual, el rol de la creatividad es un concepto que debe ocupar un lugar significativo, porque es un sustento disciplinario. Requiere de un análisis particular respecto al lenguaje, al sustento conceptual, a lo metodológico e instrumental, como en el plano de la enseñanza.
La historia deja testimonio sobre el desarrollo creativo del hombre que produjo los grandes cambios que transformaron las condiciones de vida, en el transcurso del tiempo; el trabajo, la imaginación y el ingenio produjeron bienestar y crecimiento. Afianzar la producción creativa abre espacios alternativos para la formación de individuos más integrales, y más sanos.
En lo que se refiere a las áreas de proyectuales en específico, uno de los conceptos fundamentales a redimensionar es justamente el desarrollo de este potencial creativo. Las disciplinas vinculadas al arte y la comunicación manejan sus propios lenguajes que es necesario dominarlos conceptual y técnicamente. El lenguaje es un medio para elaborar mensajes a través de los cuales comunicamos, nos expresamos y nos dirigimos a un receptor, o destinatario. Aprendemos a pensar elaborar y proyectar con

que recursos lo recibe el otro y queremos ser aceptados por el publico. Estos códigos particulares de cada disciplina implican un esfuerzo y un trabajo permanente, ya que están constituidos de conocimientos, técnicas y destrezas. Hay leyes internas propias, que requieren de un aprendizaje teórico-práctico complejo. Sin creatividad no hay comunicación. Formarse para estar capacitado en el dominio con perfección de una técnica, un instrumento o una herramienta, no garantiza la posibilidad de emisión y recepción de mensajes; es necesario transmitir la problemática que se va a difundir teniendo en cuenta el contexto, el conocimiento del tema y el tipo específico de producción técnica. La creatividad, la innovación y la crítica en la producción, conjunta durante el proceso de aprendizaje, tanto el conocimiento de la disciplina, como el ejercicio del potencial creativo, en un tiempo simultáneo e integrado. Esto significa que dividir lo técnico de lo creativo, como dos tiempos diferentes, es un error, porque ambos son parte constitutiva de un mismo hecho.

Esto exige un alto poder de síntesis, que significa transformar el conocimiento en un elemento dinámico, cambiante, integrador. Entenderlo como una construcción permanente. Desconfiar de todas las recetas preestablecidas. Remover todos los planos del quehacer educativo en función de propiciar un medio más adecuado para la evolución creativa de todo el proceso de trabajo. Un medio de compromiso, de libertad y confianza, donde estén presentes la duda y riesgo, la experimentación y la crítica. El aprendizaje se desarrolla sobre la base del trabajo como placer de conocer y de crear. Desde aquí se adquiere el compromiso con el trabajo que permite la motivación.

El dominio del lenguaje en cualquier área, sirve para manejar las herramientas que permitan decir mejor lo que quiere transmitir, pero de ninguna manera para limitarse a ser un mero repetidor. La copia y la repetición no satisfacen al hacedor sino que lo frustran y lo limitan. El uso de las técnicas, las herramientas y los elementos del lenguaje, requieren de un aprendizaje. Ese saber es necesario para expresarse, para comunicarse, pero el mensaje se construye con el pensamiento, con la significación, con el bagaje conceptual, con la pertenencia cultural y la creatividad del emisor. Esta es una elaboración que conforma un alto nivel de síntesis. Los principales obstáculos para la comunicación, para el crecimiento y el desarrollo cultural, para el ejercicio del potencial expresivo, son el autoritarismo político y tradicionalismo educativo. Porque son concepciones rígidas, unilaterales, difícilmente modificables, que generalmente, sin sustentarse en un cuerpo de ideas explicito, aparecen en el accionar diario, dificultando el disenso, la critica, el ejercicio de los derechos. Coartando asi, el desarrollo creativo, limitando el vuelo de la imaginación, la comprensión del tema, la significación, que son los pilares de la comunicación en la producción de mensajes.

Entendemos a la creatividad como una categoría que abarca todo el quehacer comunicacional desde el inicio, durante el proceso de trabajo y en el resultado final.

En la actualidad presenciamos una encarnizada lucha entre el despliegue de la capacidad creadora y la adaptación pasiva del hombre al medio. La situación es de tal magnitud que se vuelve un desafió dominar la fabulosa tecnología que nosotros mismos hemos producido y usarla en beneficio colectivo. Los alcances de la informática y los multimedios son adelantos magníficos, su utilidad tiene que permitir la resolución adecuada y efectiva de las complicaciones de la vida moderna. El trabajo creativo cobra una dimensión insoslayable en nuestra época y no podemos abandonarlo en manos de la casualidad, debemos apoyarlo tenazmente en la acción cotidiana. Existe un uso inadecuado sobre los aspectos creativos y sobre los tecnológicos, una deficiencia en el aprovechamiento de estos elementos. Un caso para analizar son las grandes concentraciones urbanas, donde se hace más necesario disipar el estrés para vivir de manera más sana. Una ejercitación natural de la expresividad y a la vez una distensión de las presiones cotidianas pueden permitir elevar la calidad de vida. El registro sistemático de los niveles de tensión de la población de las grandes ciudades, muestra la preocupación de los gobiernos y la sociedad civil sobre este campo. Recoger estos datos permite realizar distintas experiencias para medir en que nivel disminuyen las tensiones cuando el sujeto realiza actividades creativas simultáneamente a su rutina diaria. De la misma manera, se pueden evaluar las modificaciones que se producen cuando la población puede encausar su descontento y sus reclamos ejerciendo su dignidad y logrando mejorar sus condiciones de vida. En las grandes urbes de nuestro continente, la marginación y el consumismo son dos contrapartidas que coexisten, aunque se presentan como excluyentes. Esto habla de una enfermedad social latente que se manifiesta salvajemente en las calles de las ciudades. Es hora de comenzar a hablar de calidad de vida en el planeta. Este es un concepto que abarca los problemas del ambiente, la economía, la política, la comunicación y que se puede leer representado en la imagen y la situación social de las urbes de América Latina.

thon

9 COMUNICACION Y CREATIVIDAD

emos diferenciado la actitud creativa del hombre, de la actividad profesional, la relevancia en la formación de las disciplinas proyectuales, con la finalidad de encuadrar el análisis, respecto a la importancia de la creatividad en la educación y en la orientación didáctica curricular.

Podemos decir entonces, que el creador, sea niño o adulto, sea plástico, músico, literato o diseñador, proyecta sus formas de comunicarse, a través de su producción. Esta es una proyección de naturaleza consciente y subconsciente, que es razón y móvil de la producción creativa. Por esta razón cada uno elige, entre otras muchas actividades, un lenguaje expresivo o un área proyectual, científica, tecnológica o social.

La creatividad es una realización imaginaria de deseos. Existe una gran similitud con el sueño; aunque la producción creativa implica una materialización exteriorizada, en tanto objeto palpable. La creación permite la comunicación, la participación, la acción voluntaria.

La realización de deseos inconscientes y la proyección de los complejos producen una satisfacción positiva. Un bienestar interno y un vinculo hacia el afuera.

El juego simbólico, la expresión gráfica y el sueño, tienen como punto de contacto la imagen y el simbolismo. Las imágenes creadas e imaginadas obedecen a dos leyes fundamentales de condensación y desplazamiento. Condensan en una sola visión un conjunto de elementos complejos y a su vez sintetizan, visiones amplias y dispersas.

En general el desplazamiento suele ser la represión y aparece como expresión disfrazada de lo reprimido. Pero expresando aquello prohibido, censurado socialmente o por el propio individuo en su comportamiento social.

El empleo de disfraces, deformaciones, transposiciones, y simbolizaciones de la actividad onírica, como de la creativa, permiten al sujeto trascender la represión y la censura, para desestructurarse, superar las inhibiciones y

posibilitar el goce. Este aspecto es relevante para trabajarlo.
Tales disfraces permiten a la producción creativa y al sueño, exteriorizar tendencias reprimidas, no aceptadas por el hombre civilizado.
El desplazamiento es mas que un disfraz, es un desplazamiento del potencial afectivo, de la tendencia reprimida que logra objetivarse. Es lo que el psicoanálisis llama, sublimación.
La creatividad representa una descarga del potencial afectivo que se acumula por efectos de la represión, por no descargarse; y solo se exterioriza en manifestaciones creativas u oníricas. Esta experiencia proporciona placer, tranquilidad, aliviamiento en el individuo. Siendo así, un componente importante de la liberación y por lo tanto de la educacion y la salud mental.
El psicoanálisis recupera aquí una idea formulada por Aristóteles, la de catarsis, que significa purificación, descarga, purga. Así, pone especial atención en las acumulaciones y descargas del potencial afectivo, que son un elemento de saneamiento interno.
Las descargas benéficas permiten al individuo desahogarse de la represión acumulada por condicionamientos internos y externos. La creatividad permite este tipo de descargas, siendo verdaderamente terapéutica para distintas patologías, como para condiciones normales de existencia. Además el acto creativo es consciente e intencional.

La creatividad no es la única respuesta o modo, de lograr el bienestar o la salud mental, pero es importante destacar su rol liberador. Abre un camino más sano que el sueño, porque es voluntaria. Las fuerzas instintivas se descargan con la participación consciente del individuo. Freud señala que el sueño tiene el peligro de la fuga y de apartar al hombre de la realidad fijándolo en objetos imaginarios y aislándolo del contexto, con el riesgo de incomunicarlo.
La creatividad, en cambio es una proyección de lo imaginario en lo real y es un acto de comunicación, de relación con el otro, con el afuera, en la medida que se exterioriza.
La proyección de la propia sensibilidad en un objeto o forma creativa, es

una exteriorización que permite la liberación de múltiples represiones. La creación es catarsis, es un medio de exteriorizar y comunicarse, es hacia el afuera, lo cual rompe la introversión y el riesgo de aislamiento, como peligro para la satisfacción y la salud mental. Cuando las tensiones, complejos o instintos, son exteriorizados, se liberan constituyendo menos riesgo para la salud interior del individuo.

Freud dice en «El interés del psicoanálisis»: «El psicoanálisis puede mostrar sin dificultad en el goce artístico, junto a la participación manifiesta, una participación latente, aún cuando infinitamente más activa, que proviene de las fuentes ocultas de la liberación de los instintos».
El creador proyecta sus instintos en su trabajo. El carácter íntimo y personal de las asociaciones que pueden plasmarse en un trabajo creativo, solo es comparable al que se produce en el sueño o el ensueño.
Los complejos primitivos que inspiran los mitos y el inconsciente colectivo se manifiestan por símbolos universales. Los complejos personales son difíciles de descifrar pues hacen al yo profundo del sujeto. Los colectivos se codifican y pueden decodificarse.
El hecho de comunicación se realiza en forma conciente e inconsciente en la producción creativa, pero al realizarse libera de tensiones. La comunicación se establece a través de los complejos primitivos y no de los complejos personales, por el inconsciente colectivo y no por lo subconsciente, un complejo primitivo aparece sin intervención consciente del sujeto.
Lo primitivo (o inconsciente colectivo), lo subconsciente y lo consciente, son tres regiones superpuestas que juegan un papel importante en el proceso creativo, como en la construcción conceptual y la salud mental de los individuos; siendo el subconsciente el que podemos considerar decisivo para el ejercicio de la creatividad.
La libre asociación empleada en la terapéutica psicoanalítica, también puede considerarse en el análisis de la producción creativa.

Símbolo y síntesis.

Es la alegoría es un sistema de dos términos: una imagen y una idea. El símbolo es un sistema de varios términos suscitado por las leyes de la imaginación y las del sueño. El sueño abunda en símbolos al igual que el juego infantil cuando está en la etapa simbólica.

La aparición del símbolo, en el sueño, el juego y la creatividad, en sus distintas manifestaciones, es un claro reflejo de los complejos del sujeto, y en general una forma disfrazada de representar pensamientos, deseos o regresiones censuradas.

El símbolo es resultado de dos mecanismos: la condensación y el desplazamiento.

La condensación es la conjunción de varias imágenes en una síntesis.

El desplazamiento se produce solo dentro de una condensación. Una condensación que agrupa elementos de distinta importancia afectiva; el elemento afectivo puede desplazarse de un lugar a otro. El elemento que tiene la mayor carga afectiva, se destaca entre los demás. El potencial afectivo se desplaza y el acento se coloca en un nuevo objeto.

Pero el símbolo es fundamentalmente una condensación y su función primordial es la síntesis. Para el espíritu humano la síntesis es un acto de suma importancia.

El símbolo es imaginación creadora. La síntesis de los símbolos, con toda su significación, es un acto de creación que puede manifestarse por medio de variados lenguajes.

Esta imaginación creadora es esencial para la progresión del hombre hacia el equilibrio, la armonía, la salud mental.

Las disociaciones simbolizadas, se sintetizan y dan paso a una integración que articula las partes, liberando al sujeto de cargas.

Es decir, el símbolo representa un complejo en evolución, que se va transformando y abriendo caminos de superación.

Los complejos personales o primitivos, que se conforman en símbolos y se representan en sueños, juegos o actos creativos, despojan al individuo de cargas inconscientes, que así se liberan y comienzan un proceso de transformación.

El sueño, el juego y la actividad creativa en sus distintas manifestaciones, son imaginación creadora; pero cada uno tiene sus propias características, aunque el símbolo es común a todos ellos.
En el sueño las funciones voluntarias, racionales y sociales se hallan aletargadas, mientras que los impulsos, los instintos personales y primitivos se encuentran en movimiento; son ellos los que propician y construyen los símbolos. En el juego y en el acto creador, ocurre que el símbolo se construye con la participación consciente del sujeto.
En las manifestaciones plásticas por ejemplo, dibujo, pintura, escultura, el sujeto construye voluntariamente las imágenes, por medio de un lenguaje de formas, colores, espacios, composición; simbolizando así, su mundo interior y su relación con el exterior.
En las áreas proyectuales, la función y la intención del emisor también se construyen voluntariamente y por medio de los elementos del lenguaje, pero la significación no solo es interna sino fundamentalmente externa, hacia el receptor.

Metodología del estudio:
El cuerpo del análisis sobre creatividad, que se formuló en este texto, primero respecto a su incidencia educativa en la crisis actual de la situación en el país, en segundo término como característica potencial del género humano que se desarrolla desde un marco teórico conceptual, y se va profundizando y delimitando, sobre distintos aspectos de la actividad creativa. Se amplía esta conceptualización con una visión histórica, su importancia en el plano de la cultura y en la educación. Luego abordamos la lectura que hace el psicoanálisis, sobre el hecho creador. El juego, la creatividad y el sueño, se plantean en el plano del conocimiento humano, en los aspectos educativo y psicológico, como elementos inmersos en el estudio del tema. La caracterización evolutiva de la gráfica infantil, permite establecer parámetros de medición para el estudio de la génesis de expresión gráfica, según los momentos de maduración, para luego señalar los aspectos creativos.

Metodológicamente para realizar el estudio sobre la creatividad, creo conveniente tomar en cuenta tanto los rasgos evolutivos, como la simbología representativa del mundo interior del sujeto y la representación de las manifestaciones creativas en su contexto. Esto implica comprender el proceso del conocimiento en el individuo y apreciar la integridad desde la que se produce. El hombre no conoce en forma fragmentaria, sino que va comprendiendo el mundo con los elementos que lo conforman, articulando la aprehensión de sus componentes. Se aplica luego, este bagaje teórico - cultural, al análisis de las disciplinas proyectuales en su aspecto formativo.

El sueño, el juego y la actividad creadora, son las tres formas de manifestación evidenciables del potencial creador del hombre. Su atención y cuidado en el espacio educativo permiten un crecimiento armónico del individuo y un aporte a la calidad de vida.

Este campo podría ampliarse, pero la intención es abrir un espacio para enunciar las posibilidades de exploración y desarrollo que el tema presenta, tanto desde el punto de vista teórico educativo, como instrumental y social.

Presencia de la creatividad en las aulas

Es cada vez más necesario afianzar las bases de una formación proyectual, innovadora. Este es un espacio donde lo conceptual sustenta y dimensiona el hacer comunicacional. La conjunción entre la idea, la creatividad y el método, sustancian la producción de mensajes. Una ejercitación de la expresividad y a la vez una validación, como recurso genuino para el trabajo, conforman una mirada abarcativa del problema. El registro sistemático de los niveles de creatividad de la población estudiantil al ingreso y al egreso de la carrera, será útil para el avance de la investigación en este campo. Recoger estos datos y realizar una experiencia de medir en que nivel cambia, varía, aumenta o disminuye la actitud creativa, en la formación del alumno, es un trabajo que estamos realizando dentro del equipo de Investigación, de la Cátedra de Comunicación Visual de la FBA de la UNLP, en un proyecto del Programa de Incentivos, en el estudio de investigación denominado "Didáctica y creatividad en áreas proyectuales y de comunicación". Se evaluarán las modificaciones que se producen cuando el estudiante realiza una actividad creativa permanente durante las etapas de aprendizaje de grado, que se refleje en su producción. Generar esta situación puede desarrollar ese aspecto latente, en muchos casos desatendido, que se manifiesta en el tipo de compromiso frente al trabajo proyectual, que aparece en términos de creatividad. Este concepto que abarca los problemas de la educación, la cultura, como del ambiente, la economía, la política, si se aplica desde una didáctica especifica, se podrá verificar en los procesos y en los resultados, en la calidad de la formación de grado.

dro de investigación denominado "Didáctica y creatividad en áreas proyectuales y de comunicación" y se evaluarán las modificaciones que se producen cuando el estudiante realiza una actividad creativa permanente durante las etapas de aprendizaje de grado, que se reflejen en su producción. Generar esta situación puede desarrollar los aspectos menos conocidos o desatendidos, que se manifiesta en el tipo de compromiso, tanto al trabajo proyectual que asume en términos de creatividad. Este acometido que abarca los problemas de la educación, la cultura, como del ambiente, la economía, la política, si se aplica desde esta didáctica específica, se podrá visualizar en los procesos y en los resultados, en la calidad de la formación de grado.

10 APARTADO FINAL

jes para la reflexión docente en áreas proyectuales:

El saber de una disciplina, dentro de un plan de estudios, está constituido por los contenidos conceptuales de la misma. Los fundamentos explicitan la validez de la asignatura para la formación del profesional. Los objetivos son las metas que nos proponemos a mediano o largo plazo para alcanzar el conocimiento disciplinario. Las formas de implementación requieren de una definición didáctica y metodológica de trabajo.

El programa debe partir de un diagnóstico de necesidades y desarrollar el vínculo con las otras asignaturas. Planificar los contenidos mínimos de la materia, los objetivos, las actividades, la bibliografía, la metodología de trabajo y las formas de evaluación. Desde aquí se organiza la cronología de trabajo y la carga de contenidos en los tiempos reales establecidos que llamamos, dosificación.

En un curriculum, tanto implícita como explícitamente, se propone un perfil profesional para formar a los egresados, se define una orientación respecto al conocimiento de la disciplina, un tipo de relación docente-alumno y una metodología para operar un pensamiento.

Sobre esta base, si como docentes logramos vencer la indiferencia y establecer un intercambio reflexivo, habremos encontrado una manera garantizar mejores alcances en el proceso educativo. El interés es un factor intrínseco al conocimiento, no se internaliza lo que no despierta intéres, duda, conflicto, es difícil generar propuestas creativas sin hacer propio el problema. Reflexionar sobre la redimensión del conocimiento y el conjunto de saberes que lo componen, abre un abanico de posibilidades innovadoras para la práctica en el aula. En este sentido la actitud del docente, puede motivar al alumno o propiciar esa indiferencia negativa que lo limita a participar. El accionar del docente puede establecer la confianza en la tarea, o colocar barreras de distancia y subestimación a las inquietudes de los alumnos. La situación social y política que hemos vivido en los años 90, fue proclive a la fragmentación, a la inercia y al individualismo; categorías que se contraponen a la predisposición de aprender. A partir del 2000, se han producido cambios favorables en la participación social y esto contribuye al desarrollo de la democracia participativa, de la cual la educación superior es parte. Modificar el silencio en la relación educativa, es el primer paso para producir cambios, establecer el diálogo, la reflexión y el intercambio que instalen un clima de encuentro. Preguntarnos qué y cómo tenemos que transmitir un conocimiento, cómo se construye el saber disciplinar, qué comprende el alumno y qué es lo que ignora o no incorpora, es empezar a ver el espacio del aula como un lugar de participación-acción, de producción de conocimiento y de creatividad.

Dice Pérez Lindo en el libro citado: "Si caminamos en ese sentido se abrirán variadas posibilidades para valorizar la creatividad científica o pedagógica y para hacer que la universidad se convierta en un agente decisivo del desarrollo nacional."

Entonces nos preguntamos:

- ¿Cómo comenzamos a establecer un diálogo vivo y genuino?

- ¿Cómo lograr el propósito de escuchar y ser escuchado?

- ¿Cómo transformar lo generacional,
  en una ventaja y no una distancia?

- ¿Cómo analizar creativamente la realidad para no paralizarnos?

- ¿Cuáles son las formas de participar y
  defender los derechos de libertad y expresión?

- ¿Cómo hacer de la docencia un acontecimiento gratificante y útil?

- ¿Cómo sortear las carencias de la educación actual
  y prepararnos para el futuro?

- ¿Cómo integrar el conocimiento y romper con la fragmentación?

- ¿Cómo recuperar el entusiasmo y la confianza?

- ¿Cómo apasionarnos por la tarea e incentivar a los otros?

- ¿Cuáles son los proyectos posibles
  para construir una visión integral?

- ¿Cómo desarrollar la creatividad como
  parte intrínseca del trabajo?

- ¿Qué rol juega la creatividad en lo subjetivo, individual y colectivo?

- ¿Qué lugar tiene la creatividad hoy,
  en el trabajo cotidiano en el aula?

- ¿De qué manera, lo creativo puede estar presente
  en todos los planos del quehacer disciplinar?

- ¿Cómo sistematizamos este concepto abarcativo, en el trabajo diario?

- ¿Qué sustentos teóricos y que métodos empleamos
  para incorporar el plano creativo, en el trabajo especifico?

- ¿Cómo construimos una didáctica propia de las áreas
  comunicacionales, proyectuales, realizativas?

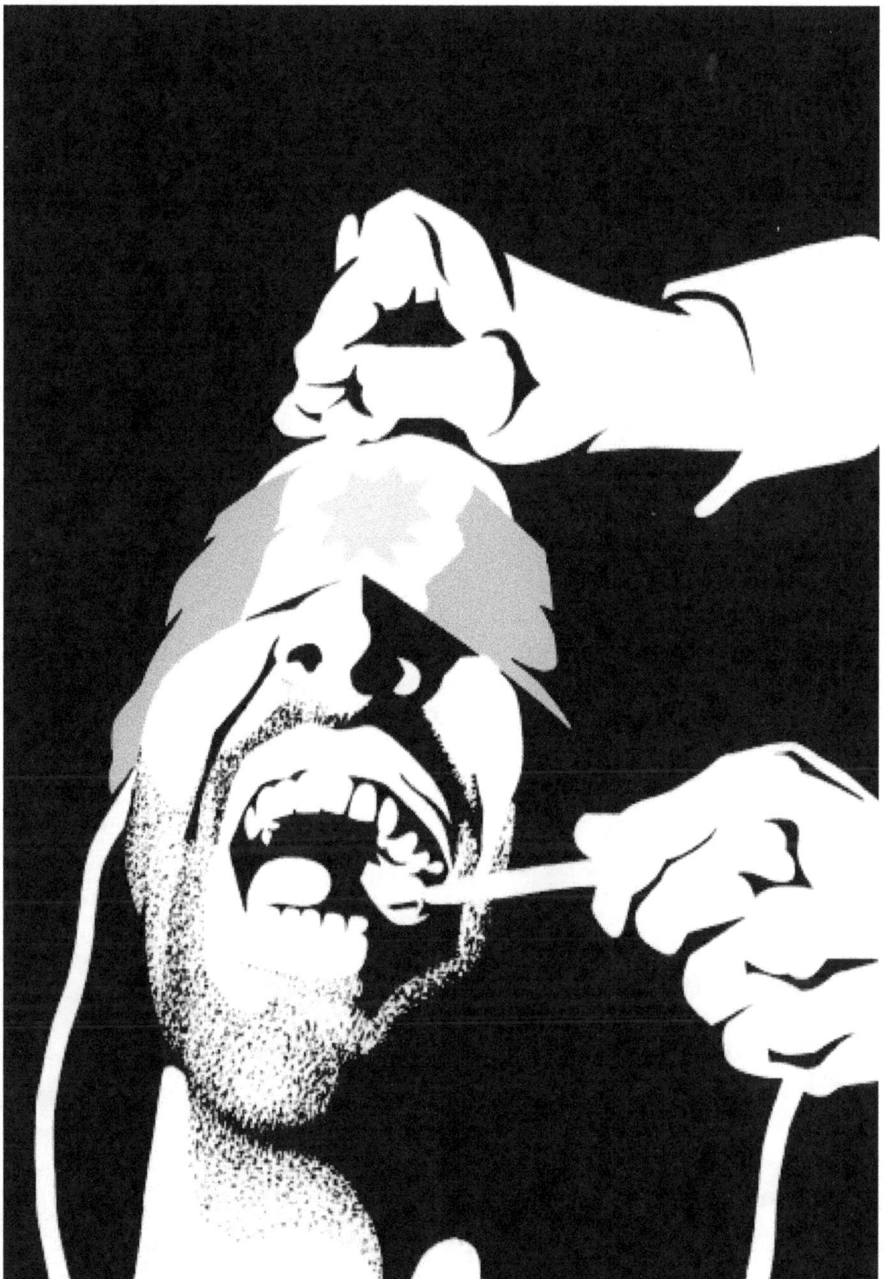

11 BIBLIOGRAFIA Y REFERENCIAS

Winnicott, D. W. «Realidad y juego». Ed. Gedisa. Argentina .1982.
Baudouin, Charles - «Psicoanálisis del arte» Ed. Psique- Bs. As. - 1972.
Hauser Arnold - «Fundamentos de la sociologìa del arte» Ed. Guadarrama España 1975.
Hauser, Arnold - «Introducción a la historia del arte» Ed. Guadarrama España 1961.
Lowenfeld - «Desarrollo de la capacidad creadora»Paidos.Mexico 1986.
Hauser, Arnold - «Historia social de la literatura y el arte» Ed. Guadarrama. España 1962.
Fischer, Ernest - «La necesidad del arte»Ed. Icaria. España 1979.
Heller, Agnes - «Para cambiar la vida» Ed. Grijalbo. España 1981.
De Ventos, Xavier R.- «Teoría de la sensibilidad». Ed. Península . España. 1968.
Lukacs, George - "Estética I" Ed. Grijalbo. Barcelona 1982.
Reed, Herbert - «Arte y sociedad» Ed. Península. Barcelona 1977.
Del Conde, Teresa - «Las ideas estéticas de Freud» Ed. Grijalbo. México 1985.
Piaget, Jean - «Problemas de psicología genética» Ed. Ariel. México 1981.
Piaget, Jean - «Psicología y pedagogía» Ed. Ariel. México 1981.
Piaget, Jean - «Psicología del niño» Ed. Morta. España 1981.
Gordillo, José - «Lo que el niño enseña al hombre» Ed. Cempae. México 1977.
Freud, Anna - «Normalidad y patología en la niñez» Ed. Paidos 1968.
Paín, Sara - «Diagnóstico y tratamiento de los problemas de aprendizaje». Ed. Nueva Visión Buenos Aires 1983.
Pichon Riviere, Enrique - «El proceso creador» Ed. Nueva Visión Argentina. 1978.
Pulaski, Mary Ann - «Para comprender a Piaget» Ed. Península. España 1981.
Reyes, Victor M.- «Pedagogía del dibujo» Ed. SEP. México 1943.
Marín, Rolando V. - «El desarrollo Psicográfico del niño» Ed. Cientifico-Técnica. La Habana. Cuba 1979.
Kramer, Edith - «El arte como terapia infantil» Ed.Diana.Mexico 1985.

Postik, Marcel - «La relación educativa». Ed. Narcea.Madrid 1981
Goodnow, J. - «El dibujo infantil', Ed. Morata. Madrid 1979.
Aberastury, Arminda - «El niño y sus juegos» Ed. Eudeba Bs. As. 1963.
Korm, Alejandro - "La libertad creadora" Ed. Claridad. Argentina 1963.
Freud, S. - «La interpretación de los sueños"- Ed. Planeta. Mex. 1985.
Fischer, E. - « Literatura y Crisis de la Civilización Europea»- Ed. ICARIA. España 1977.
Schatzman, M. - «El asesinato del alma» Ed. Siglo XXI- México 1990
Foucault, M.- "Vigilar y Castigar" Ed. siglo XXI. México 1976.
Chateau J. - "Los Grandes Pedagogos" Ed. F.C.E. México 1990.
Marx, C. "Contribución a la Critica de la Economía Política" Ed. Ediciones Estudio, Buenos Aires 1970.
Arnheim, R.- «Arte y percepción visual» Ed. Eudeba Bs.As. 1962.
Tilley, Pauline. - «El arte en la educación especial» Ed. CEAC. Barcelona 1978.
Aimerich, y otros.- «Expresión y arte en la escuela» Ed. Teide. España 1979.
López Blanco, M. -»Notas para una introducción a la estética». Ed. FUBA. Argentina 1962.
Piaget, J. - «Seis estudios de psicología». Ed. Planeta. México.1985
García Canclini, N.- «La producción simbólica». Ed. Siglo XXI. México 1979.
Durkheim, E.- «Educación y sociología». Ed. Linotipo. Colombia 1979.
Eco, Umberto. «Tratado de semiótica general». Ed. Nueva imagen. México - 1977.
Klein, M.- «Envidia y gratitud». Paidos. Bs.As. 1987.
Varios autores.- «Desarrollo infantil normal». Ed. AMPI. Mex.1976.
Colectivo de autores. «La creación artística y el niño». Ed. Pueblo y educación. Cuba.1983.
Matrajt, Miguel.- «Salud mental y trabajo» Ed. UAEM. México.1986.
Gesell, A. y otros.- «Las relaciones interpersonales del niño de 5 a 16 años» Ed. Paidos. Argentina 1968.
Ibarrola, María de. - «Las dimensiones sociales de la educación». Ed. SEP. Mexico 1985. (Antología)
Leonardo, Patricia de.- «La nueva sociología de la educación» Ed. SEP.

México 1986. (Antología).
Dorfles, Gillo. - «Símbolo, comunicación y consumo». Ed. Lumen. España 1969.
Matrhews, G.- «El niño y la filosofía» Ed. F.C.E. México 1983.
Cortés Rocha, Carmen – "La escuela y los medios de Comunicación masiva" Ed. El Caballito. SEP. México 1984.
Freud, S. -Obras completas. Biblioteca Nueva. Madrid. 1968. Tomos I, II, III.
Garnier, H. "Mentes creativas" Ed. Paidos. Bs.As. 1995
De Bono,E. "El pensamiento lateral" Ed. Ed. Paidos. Bs.As. 1986.
Castoriadis,C. "El mundo fragmentado" Ed. Altamira. Uruguay, 1998
Csikszentmihalyi, M. "Creatividad" Ed.Paidos. BsAs, 1998.
Pérez Lindo, Universidad y conocimiento. Ed. Biblos. Bs. As. 2003.

CITAS Y REFERENCIAS DEL TEXTO

Introducción:

Pérez Lindo - «Universidad, conocimiento y reconstrucción nacional» - Ed. Biblos. Bs. As. 2003

Capítulo 1

Winnicott - «Realidad y juego»- Capitulos III, IV y V.
Mondrian - Revista «De Stijl» - 1919-1920 - Art. «Realidad natural y realidad abstracta». Paris - Flammarion 1956.

Capítulo 2

Ficher - «La necesidad del arte» - pag. 42
Marx C. - «El Capital» Tomo I - pag. 30
Gordillo J. - «Lo que el niño enseña al hombre" Cap.»La creatividad» pag 41.

Capítulo 3

Freud - «Lecciones de introducción al psicoanálisis» pag. 43,T.I.

Capítulo 4
Freud. - «El interés del psicoanálisis.» pag 104.

Capítulo 5
Marx C.- «Prefacio a la contribución a la critica de la economía política» - pag.83.
Freud - «El futuro de una ilusión» pag.56.t III.
Pain Sara - «Diagnóstico y tratamiento de los problemas de aprendizaje».
Postik M. - «La relación educativa» pag.24.
Piaget - «Psicología y pedagogía» Pags. 7, 14, 56, 81.

Capítulo 6
Piaget J. - «Seis estudios» pag,86.
Pain Sara - «Diagnóstico y tratamiento de los problemas de aprendizaje - pag. 49.
Freud Anna.- «Normalidad y patología en la infancia». Cap, 4.

Capítulo 7
Freud - «El interés del psicoanálisis» Tomo I .pag 42.

Capítulo 9
Freud - «El interés del psicoanálisis» Tomo I .pag 68.

Imágenes:

TAPA Tratamiento de Fragmento «La Primevera» de Boticcelli»
Cap. 1 Fragmento de relieve prehispanico.
Dibujo Leonardo DaVinci
Cap. 2 Tolouse Lautrec. Cartel
Ilustracion 102 de Nicolas y Serge Legat pag 85
libro «BALLET ART» de Mary Clarke y Clement Crisp
Ed Clarkson Potter, Inc Publishers NewYork 1978
Cap. 3 Tolouse Lautrec. Cartel
Ilustracion 116 de Georges Barbier Pag.98 libro BALLET ART

Cap. 4 Tolouse Lautrec. Cartel
Ilustracion del libro «The Ilustrated Child»
Ed. Jonathan-James Book NewYork 1979 printed uin Canada

Cap. 5 Fragmento de relieve prehispanico
Ilustracion The illustrated flower Edited William E. Mey
New York 1977

Cap. 6 Afiche Ballet Ruso Ilustracion 126 de Jean Cocteau.
Publicado en Pag.42 libro BALLET ART
Poster 3 de Berthon 1897 Publicado en "Berthon & Grasset"
de Victor Arwas Ed Rizzoli, New York 1978

Cap. 7 Poster 15 de Grasset 1894 Publicado en "Berthon & Grasset"
Ilustracion 44 de Godfried Shadow y Salvatore Vigano
Pag 103 libro BALLET ART

Cap. 8 Afiche de Carppani
Ilustracion "Berthon & Grasset"

Cap. 9 Poster 4 Berthon 1897
Ilustracion "Berthon & Grasset"

Cap. 10 Fragmento de relieve colonial. San Ignacio. Misiones
Ilustracion "Berthon & Grasset"

Cap. 11 Cartel de Le Park 1963
Ilustracion del libro «The Ilustrated Child»

www.ingramcontent.com/pod-product-compliance
Lightning Source LLC
LaVergne TN
LVHW050550160826
845677LV00011B/2255